5-7, rue de l'Ecole-Polytechnique, 75005 Paris

www.editions-harmattan.fr

ISBN : 978-2-14-027682-8
EAN : 9782140276828

La dangereuse utopie d’un monde sans ombre

Questions contemporaines
Série « Que faire ? »
Dirigée par Bruno Péquignot

Les périodes de crises, politiques, sociétales, économiques, etc. suscitent des recherches, des réflexions collectives et individuelles pour trouver des issues, des solutions, pour en sortir. Cette série accueille des textes qui peuvent être programmatiques, voire utopiques, qui peuvent se présenter comme un travail sur les principes théoriques ou sur des solutions techniques concrètes, mais toujours sur la base d'une argumentation raisonnée, fondée sur une documentation sérieuse et ordonnée rationnellement.

Dernières parutions

Patrice HUIBAN, *Osons changer le modèle français*, 2022.
Jean-Michel BARBIER, *Construire ensemble notre démocratie*, 2021.
Jacques LANGLOIS, *Pour un projet libertaire anticapitaliste,* 2021.
Jacques LANGLOIS, *Pensée moderne et changement de société*, 2020.
Jo-Rémi FAYE, *Cap sur nos valeurs pour un horizon meilleur, Le pari d'un réveil citoyen intergénérationnel*, 2019.
Etienne LEVESQUE, *Les impôts du bonheur. Pour une révolution fiscale écologique européenne*, 2019.
Julien LEBRUN, *Vivre sur terre*, *Comment dépasser le nihilisme contemporain,* 2019.
François PERRET, *Pour en finir avec la stagnation économique française*, 2017.

Peggy Larrieu

La dangereuse utopie d'un monde sans ombre

L'Harmattan

Du même auteur

Neurosciences et droit pénal, Le cerveau dans le prétoire, L'Harmattan, 2015

Mythes grecs et droit, Retour sur la fonction anthropologique du droit, PU Laval, 2017

Transhumanisme, Approche pluridisciplinaire d'une nouvelle utopie (sous la dir. de), Eska, 2018

Vivre sans, Que reste-t-il de notre monde ? (Dir.), Érès 2020

Introduction

Dans un roman intitulé *L'amour pur*, Agustina Izquierdo a écrit : « La part la plus fière des humains n'est pas la plus humaine… Elle est la part de l'ombre… Elle est la part que maudit la lumière… L'ombre de la vie que les consciences fuient en cherchant à la rendre distincte, c'est-à-dire visible… c'est-à-dire argumentable, c'est-à-dire vénale »[1].

Le fait est que tout, dans le discours contemporain, vise à l'éradication de la part de l'ombre. Désormais, tout doit devenir visible, disponible et vénal. Mais comme on le pressent, sans ombre, il n'est pas de vie possible.

Qu'est-ce que l'ombre ? Dans une première acception, l'ombre est ce qui échappe à la lumière. Plus précisément, selon le Dictionnaire Larousse, il s'agit d'une « zone sombre résultant de l'interception de la lumière ou de l'absence de lumière » et d'après le Robert, d'« un espace privé de lumière ».

Toutefois, l'ombre n'est pas seulement un espace dépourvu de lumière, qui serait caché, secret, occulte, obscur. Elle est aussi l'image projetée d'un corps, son négatif, à l'exemple du négatif d'une photographie. En ce sens, l'ombre s'affuble du signe « moins ». On parle d'image inversée pour désigner ce négatif associé à la naissance de la photographie. Mais l'histoire du négatif est beaucoup plus ancienne : théâtre d'ombres, portraits-silhouettes et mains dans les grottes préhistoriques. L'artiste, à partir de l'ombre, crée de la beauté[2].

---

[1] A. Izquierdo, *L'amour pur*, Paris, POL, 1993, p. 176.

[2] M. Milner, *L'envers du visible, Essai sur l'ombre*, Paris, Seuil, 2005.

Une légende veut d'ailleurs que la peinture soit née de l'ombre, d'une ombre portée sur un mur et du tracé qui l'entoura : une jeune femme voulut ainsi garder l'image de son amant sur le point de partir[3]. Ligne d'ombre, associée à la perte ou à la privation, qui rend à jamais présent l'absent et qui, en le représentant, annule le temps et conjure la mort.

L'ombre exprime également ce que les Grecs appelaient *synopados*[4], ce quelque chose qui nous suit par derrière, ce sentiment insaisissable d'une présence, qui a longtemps été associée à l'âme des disparus[5]. Du vivant de la personne, cette présence représente ce qu'on appelle le double. Le double pouvant devenir persécuteur, sous la forme d'un reflet ou d'une image. D'Oscar Wilde à Dostoïevski, ce thème est l'un des plus fascinants de la littérature.

Enfin, dans une dernière acception, on peut y voir « quelque chose d'inférieur, de primitif, d'inadapté et de malencontreux, mais non d'absolument mauvais »[6]. L'ombre désigne ainsi l'ensemble des tendances irrationnelles, instinctuelles et inconscientes de l'homme, qui peuvent parfois se traduire par la transgression, la violence, le mal...

Dès lors, à la question de savoir « qu'est-ce que l'ombre ? », on peut répondre qu'il s'agit de tout ce que l'on considère, de près ou de loin, comme étant *négatif* : l'obscurité, l'illusion, l'absence, la mort, le mal… L'ombre évoque toujours le manque, à commencer par le manque de lumière[7]. Elle s'apparente inévitablement à quelque chose de suspect, de trompeur, voire de maléfique.

---

[3] A. Minazzoli, *La première ombre, Réflexion sur le miroir et la pensée*, Paris, Les Éditions de Minuit, 1990.

[4] C.G. Jung, *L'homme à la découverte de son âme* (1933), Paris, Albin Michel, 1987, p. 57.

[5] E. Morin, *L'homme et la mort* (1951), Paris, Seuil, 1970.

[6] C.G. Jung, *L'âme et la vie*, Paris, Livre de Poche, 1995.

[7] Cf. le mythe de la caverne de Platon.

En réalité, l'ombre est par définition quelque chose de mystérieux qu'il est difficile de cerner. Emblématique est à cet égard *La Merveilleuse histoire de Peter Schlemihl*, cet homme qui a perdu son ombre après l'avoir troquée contre de l'argent et qui, refusant ensuite de la racheter en donnant son âme, finit par errer dans une course perpétuelle[8]. Tous ceux qui croisent la route de l'homme sans ombre sont saisis d'effroi. Que représente l'ombre perdue de Peter Schlemihl s'il ne s'agit pas de son âme ? L'auteur relate, dans sa préface, que des hypothèses très curieuses ont été proposées. Et il nous apprend que l'ombre est « un solide ». L'homme sans ombre est donc un homme sans consistance, totalement transparent, un être désincarné. Tel un mort vivant parmi les humains, il est voué à une course sans fin, étant devenu trop léger, trop aérien pour pouvoir s'enraciner.

Paradoxal renversement de l'ombre qui, n'ayant pas de chair, est ce qui donne chair à l'être humain et qui, s'inscrivant dans une esthétique de la pénombre[9], est peut-être ce qui fait apparaître la lumière[10]. Ombre qui n'a pas de prix, et qui doit rester hors du commerce. Ombre qu'il faut absolument conserver au risque qu'elle ne s'émancipe, ne s'autonomise, comme en fit la malheureuse expérience le personnage du conte éponyme d'Andersen qui finit par devenir l'ombre de son ombre[11]. La littérature nous enseigne ce qu'il en coûte d'être privé de son ombre et, pour parodier La Fontaine, qu'à lâcher l'ombre on perd aussi la proie.

Ceci étant précisé, l'ombre, qui n'a jamais été très bien vue, fait l'objet aujourd'hui d'une véritable aversion. En finir avec

---

[8] A. Von Chamisso, *Histoire merveilleuse de Peter Schlemihl, L'homme qui a perdu son ombre*, Paris, Tardieu, 1864.
[9] J. Tanizaki, *Éloge de l'ombre* (1933), Paris, Verdier, 2011.
[10] J.-B. Pontalis, *Traversée des ombres*, Paris, Gallimard, 2003, p. 16-17.
[11] H.C. Andersen, *L'Ombre,* 1847.

la part de l'ombre, telle est la grande utopie de nos sociétés démocratiques occidentales : effacer le mal, l'imperfection, l'incomplétude, au profit d'un idéal de gestion de la « positivité humaine »[12]. C'est que, ainsi que le signale le philosophe Miguel Benasayag, « notre société est la première société qui ne sait pas quoi faire avec le négatif »[13].

En effet, le discours ambiant ne cesse de scander à nos oreilles son aspiration au tout positif. On assiste de toutes parts à une montée en puissance de l'utopie positiviste, qui vise à blanchir la société, à pourchasser le négatif sous ses différentes formes, à ne laisser rayonner que les valeurs positives dans l'espoir de voir triompher le bien[14]. Selon Jean Baudrillard, « on blanchit la violence, on blanchit l'histoire, dans une gigantesque manœuvre de chirurgie esthétique au terme de laquelle n'existent plus qu'une société et des individus interdits de violence, interdits de négativité »[15]. Comme si l'élimination du mal, du négatif était enfin à notre portée.

Une telle ambition véhicule une conception aseptisée du corps social, transformé en un univers pacifié, débarrassé de ces encombrements que sont le conflit, le mal, la violence ou la transgression. Sous couvert de « bonnes intentions », cette opération d'élimination du négatif pourrait dégénérer en une forme de « terrorisme des bienfaits »[16]. Tant il est vrai que la poursuite d'objectifs impossibles à atteindre revient à instaurer une forme de culpabilité permanente chez les individus empêtrés dans leur mauvaise conscience. Et la culpabilité entraîne la soumission ou la révolte.

---

[12] E. Roudinesco, *La Part obscure de nous-mêmes, Une histoire des pervers*, Paris, Albin Michel, 2007, p. 203.

[13] M. Benasayag, *Fonctionner ou exister ?,* Paris, Le Pommier, 2018, p. 37.

[14] F. Jullien, *Du mal/du négatif*, Paris, Seuil, 2004.

[15] J. Baudrillard, *La transparence du mal, Essai sur les phénomènes extrêmes*, Paris, Galilée, 1990, p. 51.

[16] P. Muray, *Essais*, Paris, Les Belles Lettres, 2002, p. 38.

Outre qu'il s'agit là d'une utopie, elle fait totalement abstraction de cette loi sociologique fondamentale : le négatif peut générer de nouveaux systèmes de valeurs. Au XIXe siècle, Émile Durkheim déclarait : « Le crime est donc nécessaire ; il est lié aux conditions fondamentales de toute vie sociale, mais par cela même il est utile, car les conditions dont il est solidaire sont elles-mêmes indispensables à l'évolution de la morale et du droit »[17]. Face au tollé déclenché par son propos, le sociologue dut ensuite préciser qu'il n'entendait pas faire l'apologie du crime, mais se préparer à mieux le combattre. Pourtant, on sait bien que l'innovation autant que le progrès moral ne se fraient un chemin que par les marges, en opposition au *quod plerumque fit*.

Cette entreprise de pacification sociale a fait l'objet d'une dénonciation en règle par Philippe Muray dans un livre intitulé *L'empire du bien* : « Avec la charité généralisée, l'idéalisme obligatoire, la solidarité sans réplique, les droits de l'homme dans tous les coins et le souci hygiéniste à chaque étage, la passion de survivre est devenue plan de carrière et programme d'existence. Tout le monde se bat dans la même direction. À coups de positivité enthousiaste et de volonté de gagner. On a la haine de la haine. On fait la guerre à la guerre »[18].

Il est vrai que ce livre a été écrit dans les années 2000 et depuis lors, notre société est devenue très conflictuelle et violente, avec notamment le développement des réseaux sociaux. Toutefois, cette conflictualité pourrait bien n'être qu'apparente. L'incessante juxtaposition d'invectives, de manifestations de haine, de propos injurieux, qui se diffusent de manière purement unilatérale, et souvent anonyme, dans nos sociétés de réseaux rend toute véritable controverse impossible[19]. En d'autres termes, on ne cherche plus à se

[17] E. Durkheim, *Les Règles de la méthode sociologique,* 1895.
[18] P. Muray, *L'empire du bien, Essais*, *op. cit.*, p. 730.
[19] A. Le Brun, *Du trop de réalité*, Paris, Gallimard, 2004.

nourrir du point de vue de l'autre, mais seulement à faire valoir le sien propre. La contradiction laisse place à la juxtaposition, puisque les arguments des uns et des autres ne s'échangent plus, ne s'entrechoquent plus. Ils se neutralisent, se polarisent.

Toujours est-il que le projet d'éradication du négatif, qui atteint son paroxysme avec la *cancel culture*, pourrait bien s'avérer dangereux et « contre-productif », pour reprendre un concept développé par Ivan Illich dans les années 1970. Car, indépendamment de la guerre ou de la violence, la part de l'ombre est ce qui donne du *jeu* au système social. Sans ce jeu, le système social peut très vite devenir totalitaire.

Au demeurant, le négatif dont il est question n'est pas seulement un principe moral. Certes, il peut parfois prendre la forme du mal, de la transgression ou de la violence. Mais indépendamment de toute forme morale, il représente tout ce qui apparaît « comme une ombre dans le tableau de la vie »[20] : le défaut, la faille, l'imperfection, la maladie, le handicap, bref tout ce qui constitue la cible actuelle des utopies transhumanistes, dont l'objectif assumé est l'éradication du négatif. À travers ces « ratés », ce sont toutes les opacités propres à l'existence qui sont visées, ce qui rejoint l'engouement contemporain pour la transparence. Seulement, il faut le répéter : sans ombre, il n'est pas de vie possible…

Tous ces « encombrements », ces ratés, forment ce que Georges Bataille a appelé la « part maudite »[21], que Michel Maffesoli nomme la « part du diable »[22], et ils correspondent à ce l'on peut désigner, en référence à Carl G. Jung[23], par l'expression la « part de l'ombre ».

---

[20] F. Jullien, *Du mal/du négatif*, *op. cit.*

[21] G. Bataille, *La part maudite*, Paris, Les Éditions de Minuit, 1949.

[22] M. Maffesoli, *La part du diable*, Paris, Flammarion, 2002.

[23] C.G. Jung, *L'homme à la découverte de son âme, op. cit.*

Il ne s'agit pas de reprendre ce qui a déjà été écrit par ces auteurs. Le contrôle de la « part maudite » n'est pas nouveau dans nos sociétés occidentales dites modernes ou postmodernes. Néanmoins, la spécificité de notre époque, c'est que ce contrôle s'est transformé en un projet d'éradication mobilisant, en ce qui concerne les pays les plus avancés sur le plan industriel, toutes les ressources de la technique, de la science et de la gestion.

Bien qu'elles nous apportent d'incomparables appuis, ces ressources ont, elles aussi, leur part d'ombre. L'*homo technicus* était encore, il n'y a pas si longtemps, un artisan plus ou moins habile à donner forme à la matière et sollicitait ses outils comme autant de prolongements de ses propres membres. L'être humain demeurait la fin, la technique étant un simple moyen. Les choses se compliquent lorsque la technique ne se contente plus de prolonger la main de l'homme, mais se substitue à lui. Alors l'homme risque de s'effacer et de disparaître.

Ne sommes-nous pas déjà en train de réduire l'homme à ce qui est mathématiquement prévisible ? La gouvernance algorithmique ne voit plus dans l'individu qu'un agrégat de données quantifiables et modélisables[24]. Il s'agit de supprimer toutes les opacités, toutes les strates subjectives, pour convertir l'être humain en un profil chiffrable, calculable, transparent, susceptible d'être « lu » par des algorithmes[25]. L'homme s'en trouve réduit, diminué[26] ou simplifié[27]. Il n'est plus envisagé comme un être complexe inscrit dans un réseau de liens sociaux. À tout le moins, sa complexité devient embarrassante.

---

[24] A. Supiot, *La gouvernance par les nombres, Cours au Collège de France 2012-2014*, Domont, Fayard, 2015.

[25] M. Benasayag et C. Cany, *Le retour de l'exil, Repenser le sens commun*, Paris, Le Pommier, 2021, p. 56.

[26] M. Benasayag, *Cerveau augmenté, homme diminué*, Paris, La Découverte, 2016.

[27] J.-M. Besnier, *L'homme simplifié*, Paris, Fayard-Pluriel, 2012.

Cette approche « technico-gestionnaire » est aujourd'hui à l'œuvre dans tous les domaines de l'existence. Dans la vie privée, on « gère » ses facteurs de risque médicaux, ses relations amoureuses, sa vie de famille... Dans le domaine de la santé publique, les professionnels du soin dénoncent de manière récurrente la mise en place de systèmes de pilotage des performances dans un objectif de rentabilité gestionnaire. Le malade devient une donnée chiffrée, un segment de population statistique[28]. Dans le secteur de l'enseignement, la mise en place progressive d'une approche par compétence fait fi de l'irréductible singularité de chacun au profit d'une évaluation purement quantitative des résultats. Dans le monde judiciaire, l'introduction d'outils managériaux pour assurer le traitement des flux pénaux atteste de l'avènement d'une justice de masse. Autant d'illustrations du triomphe de la quantité sur la qualité.

Dans un monde où l'on ne parle plus que de gestion, prolifèrent les évaluations de toutes sortes, les questionnaires, les expertises, les enquêtes, les sondages, les réglementations administratives, toutes méthodes qui prétendent se baser sur la positivité des faits pour justifier les mesures à prendre. C'est l'empire de la bureaucratie et de la comptabilité.

Mais lorsqu'une société, à force de prophylaxie et d'orthopédie, d'extermination de toute part maudite, de blanchiment de la violence, ne veut plus avoir affaire qu'à la gestion et au calcul, lorsqu'une société devient intolérante à toutes les figures de l'ombre, le spectre de la déshumanisation refait surface.

Tel est le premier écueil de cette ambition positiviste. Il en existe un autre, non moins redoutable. C'est que le négatif est un invariant, et vouloir en faire l'économie expose nos sociétés à un énorme manque, qui entraîne un sursaut de violence et de

[28] R. Gori et M.-J. Del Volgo, *La santé totalitaire, Essai sur la médicalisation de l'existence*, Paris, Flammarion, 2004.

barbarie. Lorsqu'il est dénié, refoulé, réduit, il ne peut que ressurgir autrement, incontrôlé, de manière sournoise et perverse. L'actualité en atteste de façon tragique.

Aujourd'hui, la part de l'ombre ne trouve plus à s'exprimer que de manière paroxystique, sous la forme du terrorisme par exemple, qui manifeste un retour aux idéologies les plus radicales, là où précisément on croyait pouvoir stériliser toute forme de conflit à coups de discours plus ou moins lénifiants sur la paix et les valeurs universelles[29]. La violence dont notre société occidentale est la cible, au nom de croyances religieuses que l'on pensait définitivement enterrées, en apporte la preuve : la résurgence très explicite du négatif au sein d'une idéologie qui se voulait purement positive et progressiste montre que ce que nous pensions avoir relégué dans les ténèbres de l'obscurantisme n'a jamais disparu. En rejetant toute expression de la négativité[30], notre rationalité occidentale s'est exposée à un retour du refoulé.

Sous prétexte de progrès, ce que Baudrillard a appelé la « grande lessive »[31] est en réalité une entreprise dangereuse. Car l'on oublie, ou l'on feint d'oublier, que l'être humain est profondément ambivalent et qu'il est absurde de vouloir extirper le mal pour en faire un être rationnel. Pascal observait : « L'homme n'est ni ange, ni bête, le malheur veut que qui veut faire l'ange fait la bête ». Le problème survient précisément lorsque l'homme tend à l'angélisme, parce que c'est alors qu'il est le plus dangereux. Ce faisant, on laisse un résidu qui n'est pas traité et qui se transforme en haine à la première occasion.

L'idée du *bien* peut avoir pour effet pervers d'absolutiser les valeurs, tandis que la vertu de *justice* travaille à la coexistence difficile entre les hommes tels qu'ils sont. C'est dire que ce

---

[29] M. Benasayag et A. Del Rey, *Éloge du conflit*, Paris, La Découverte, 2007, p. 63.
[30] F. Jullien, *Du mal/du négatif*, *op. cit.*
[31] J. Baudrillard, « La grande lessive », *Libération*, 7 août 1995.

projet positiviste d'éradication de l'ombre intéresse le droit au premier plan. Le juridique se trouve mis en cause en profondeur par cette aspiration au tout positif. Les catégories et les paradigmes sur lesquels se fonde la règle de droit en sont radicalement transformés. Mais le droit est le « reflet » de la société. Dès lors, une telle évolution requiert une approche pluridisciplinaire, confrontant des perspectives aussi différentes que la philosophie, l'anthropologie, la sociologie, la psychanalyse ou encore les sciences dites exactes.

Chapitre 1. La nouvelle utopie d'un monde parfait

« *Ex perfecto nihil fit* »[32].

Nos sociétés occidentales se sont données pour objectif l'élimination rationnelle de toute négativité[33]. C'est ce que décrit le philosophe Byung-Chul Han, lorsqu'il note que « nous sommes passés d'une société de la négativité à une société de la positivité… Pouvoir sans limites est le verbe positif de la société de performance »[34]. Au nom de la performance, toute imperfection est assimilée à un échec, un « défaut du système », qui doit être corrigé.

Au fond, ce qu'on vise c'est « un monde parfait ». C'est là une vision utopique qui éclipse la complexité de la réalité. Et qui nécessite que l'on se penche d'un peu plus près sur cet idéal.

La perfection peut être définie comme un « achèvement complet » et, d'un point de vue moral, « l'état de ce qui est idéal, c'est-à-dire sans défaut »[35].

La perfection renvoie donc aux notions d'achèvement, de complétude et d'idéal. Mais si la perfection est un état d'achèvement, alors elle constitue par-là même un ensemble clos et inerte. Un état de perfection, en effet, ne saurait être

---

32 « Du parfait, rien ne sourd ».

33 M. Benasayag, *La tyrannie des algorithmes*, Paris, Textuel, 2019.

34 B.-C. Han, *La société de la fatigue*, Paris, Circé, 2010, p. 51.

35 A. Rey, *Dictionnaire historique de la langue française*, V° Perfection.

qu'en repos : où irait-il sans se dégrader ? Il conduit nécessairement à la stagnation.

Seuls les états imparfaits et incomplets sont productifs, parce qu'ils maintiennent un espace de vacuité, qui est la matrice du mouvement, du jeu. L'imperfection est tout à la fois générique et génésique, parce que le vide est fécond[36]. L'efficacité du vide provient de sa faculté de se transformer en manque agissant, autrement dit de jouer comme une absence capable de mettre en mouvement l'inerte[37]. C'est cet « évidement »[38], ce négatif, cette absence, ce « trou » qui permet aux éléments de tenir ensemble tout en restant mutables. Il faut toujours une case vide pour que les éléments d'un ensemble puissent changer de place et coulisser.

Or, ce vide c'est le négatif, lequel constitue en quelque sorte un appel d'air[39]. C'est le « manque agissant ». Sans imperfection, il n'y a ni progression ni évolution. En d'autres termes, seul ce qui est imparfait, porte en soi un principe dynamique, un principe de vie, par opposition à la quête de perfection qui, en cherchant à exclure le négatif, va à l'encontre du devenir. C'est pourquoi Jean Baudrillard a pu écrire, de manière assez provocante, que la recherche de la perfection est un « crime contre l'humanité »[40].

En un sens, la quête de perfection s'apparente à une utopie. Le terme utopie, issu du grec *u-topos*, littéralement « en aucun lieu », est employé pour désigner une société idéale. Il est vrai

---

[36] E. Klein, *Ce qui est sans être tout à fait, Essai sur le vide*, Arles, Actes sud, 2019.

[37] F. Cheng, *Vide et plein, Le langage pictural chinois*, Paris, Seuil, 1991.

[38] J.-P. Lebrun, *La perversion ordinaire*, Paris, Flammarion, 2015.

[39] J. Guillaumin (sous la dir. de), *Pouvoirs du négatif dans la psychanalyse et la culture*, Seyssel, Champ Vallon, 1988.

[40] J. Baudrillard, *Le crime parfait*, Paris, Galilée, 1995.

qu'il existe plusieurs définitions dans la maison de l'utopie[41], selon que l'on met l'accent sur le caractère irréel ou sur la finalité de cette société conçue en tant qu'idéal. Dans le premier cas, l'utopie se présente comme une affabulation, voire un rêve chimérique, dont la forme narrative la rapproche du mythe. Dans le second cas, l'accent est mis sur la finalité de l'utopie : la quête d'une « perfection ayant pour objet premier la cité, l'ordre politique, et pour facteur déterminant une organisation établie par la volonté, la décision et l'agir humain »[42].

Cette conception finaliste permet justement de distinguer le mythe de l'utopie. C'est que, contrairement au mythe, l'utopie est dépourvue d'ambivalence. Sans doute, il existe de bonnes utopies et de mauvaises utopies, appelées dystopies, au même titre qu'il existe de bons et de mauvais mythes. Cependant, l'opposition ne passe pas à l'intérieur du concept d'utopie tandis qu'elle est inhérente au mythe, qui est toujours ambivalent et fait place à la polarité du monde[43]. Le mythe est un *logos spermatikos* tandis que l'utopie peut s'avérer stérile. C'est la raison pour laquelle Nietzsche s'inquiétait du processus de démythologisation par lequel le mythe, usé, vidé de toute vie, conduit à l'utopie dont la transparence esquive les contradictions, puis à l'idéologie[44].

---

[41] Cf. notamment K. Mannheim, *Idéologie et utopie* (1940), Paris, Éditions de la Maison des sciences de l'homme, 2006 ; P. Ricoeur, *L'idéologie et l'utopie* (1986), Paris, Seuil, 1997 ; R. Ruyer, *L'utopie et les utopies*, Paris, PUF, 1950 ; *comp.* N. Poirier, « Miguel Abensour, l'émancipation par l'utopie », *La Vie des idées*, 6 octobre 2017 (en ligne).

[42] F. Rouvillois, *L'utopie*, Paris, Flammarion, 1998.

[43] J.-P. Vernant, *Mythe et société en Grèce ancienne*, Paris, La Découverte, 1974, p. 250 ; *adde* M. Détienne, *Les maîtres de vérité dans la Grèce archaïque* (1967), Paris, Librairie générale française, 2006, p. 239.

[44] Cité par F. Bonardel, « De l'homme de culture à l'homme du désir », *in La galaxie de l'imaginaire, Dérive autour de l'œuvre de Gilbert Durand*, Paris, Berg International, 1980, p. 115.

Un idéal utopique est pensé comme un système définitif, dans lequel tous les problèmes ont été résolus une bonne fois pour toutes. Le dénominateur commun aux utopies est leur ambition de construire ici et maintenant, par la science et la technique, une société parfaite, une cité idéale, à la mesure et au service de l'homme nouveau. Un paradis terrestre qui se traduira par une réconciliation générale : réconciliation entre l'homme et la nature et réconciliation des hommes entre eux. L'utopie, c'est la disparition du conflit et du hasard, ce qui suppose une mainmise sur les choses, les êtres, la nature et l'histoire[45].

Dès lors, l'utopie se caractérise par une volonté d'ordonner les choses, d'ordonner la société, d'ordonner l'homme. Mais dans ces constructions ordonnées (voire hyper-ordonnées), il n'est pas de place pour la différence de vision, l'opposition ou tout au moins les divergences, les contradictions d'intérêts, d'idées. Il ne peut y avoir d'exception dans une société utopique : tous les utopiens sont soumis à un type d'organisation et à un seul. Si la thématique de l'égalité y est omniprésente, ce n'est pas que l'égalité est un bien en soi, c'est parce qu'elle permet d'effacer les causes et la possibilité du conflit.

L'utopie, dont la transparence esquive les contradictions, se définit par son unilatéralisme. Elle vise en effet une résolution de la contradiction, une conjonction du différend[46]. Toute opposition est imputée à une infraction, la controverse est bannie et la loi de l'Un règne, inexorable. La société utopique ignore l'autre à l'extérieur et n'admet aucune lacune à

---

[45] F. Rouvillois, *Crime et utopie, Une nouvelle enquête sur le nazisme*, Paris, Flammarion, 2014.
[46] G. Sorel, *Introduction à l'économie moderne* (1903), Paris, Librairie Marcel Rivière, 1922.

l'intérieur. Elle est compacte, sans jeu ni interstice[47]. Autrement dit, l'utopie est une pensée de la plénitude au sens où elle règle les détails de toutes choses, cela en s'appuyant sur des individus *a priori* de bonne volonté, cherchant par nature et *de facto* le bien de tous, pour tous et par tous. Au nom de ce bien commun, sont alors justifiables toutes les tyrannies pouvant être imposées à l'homme.

On comprend ainsi que l'utopie ne déteste rien tant que le mouvement et qu'elle s'apparente de près ou de loin à un état de perfection. L'utopie, une fois réalisée, est une société sans histoire, donc une société sans progrès : vers où la perfection irait-elle[48] ? Évidemment, on peut rétorquer à cela que la société utopique n'existe pas et n'existera jamais, puisqu'elle est conçue comme un idéal. Nonobstant, dans son épigraphe du roman *Le Meilleur des mondes* écrit par Aldous Huxley, le philosophe Nicolas Berdiaev nous a mis en garde contre le danger sous-jacent à l'utopie : « Les utopies apparaissent bien plus réalisables qu'on ne le croyait autrefois. Et nous nous trouvons actuellement devant une question bien autrement angoissante. Comment éviter leur réalisation définitive ? »

Précisément, nous avons vécu des années durant, au moins jusqu'à la survenance de la pandémie de coronavirus, dans la promesse d'une réalisation de l'utopie techno-scientifique. Selon une vision linéaire de l'histoire, au nom d'un idéal fondé sur le rationalisme scientifique et le positivisme, notre société occidentale s'est vouée à une certaine forme d'aveuglement, une course en avant effrénée, nous exposant au risque de perdre complètement notre ombre et, par-là même, le sol qui se trouve sous nos pieds.

---

[47] C. Godin, *Faut-il réhabiliter l'utopie ?,* Paris, Pleins Feux, 2000, p. 38.
[48] *Ibid.*

En un mouvement incessant de fuite en avant, au nom de la quête illusoire d'une société parfaite, nous avons abandonné toute référence à une idée de limite[49]. L'*hubris*, la pléonexie (le toujours plus, toujours plus loin), le *no limit* sont devenus les idéaux de nos sociétés occidentales. C'est cela qui a conduit à instaurer une logique de domination de la nature, considérée comme quelque chose qu'il fallait dépasser, transcender, corriger ou réformer[50]. Et l'on constate aujourd'hui combien cette domination de la nature peut être dévastatrice (les saccages écologiques en sont évidemment la manifestation la plus visible). Cette logique de domination aboutissant à une logique de la dévastation[51].

Ce sont nos mentalités, nos modes de pensée qui sont responsables de ce carnage. Dès 1964, Herbert Marcuse nous avait mis en garde sur les dangers d'un nouveau conformisme directement issu de la rationalité technologique, qui est le propre de la « pensée » unidimensionnelle[52]. La pensée unidimensionnelle est une forme d'unilatéralisme, fondée sur le « tout est possible » et accentuée par la virtualisation de l'existence. Reposant sur la suprématie de la conscience et l'autonomie de la volonté, cette forme de pensée « oublie » que l'homme des droits de l'homme doit aussi composer avec son *autre* : l'autre avec lequel il est en relation sociale[53], l'autre intérieur[54] et l'autre du connaissable qui est le non-connaissable[55], c'est-à-dire son ombre.

---

[49] J.-P. Lebrun, *Un monde sans limite*, Toulouse, Érès, 2009 ; *Un immonde sans limite*, Toulouse, Érès, 2020.
[50] P. Hadot, *Le voile d'Isis*, Paris, Gallimard, 2004.
[51] M. Maffesoli, *Écosophie*, Paris, Cerf, 2017, p. 240.
[52] H. Marcuse, *L'homme unidimensionnel* (1964), Paris, Les Éditions de Minuit, 1968.
[53] M. Villey, *Philosophie du droit*, Paris, Dalloz, 1975.
[54] F. Ost, *Le droit ou l'empire du tiers*, Paris, Dalloz, 2021, p. 66.
[55] M. Benasayag, *La fragilité*, Paris, La Découverte, 2004, p. 41.

La revendication progressive de droits subjectifs a entraîné une hypertrophie de la notion de sujet, qui se traduit par une atomisation de la société[56]. Celle-ci n'est plus qu'une juxtaposition d'individus isolés. L'individu, arc-bouté sur ses droits, et armé des pleins pouvoirs que la technologie lui confère, en vient même à se targuer de la libre disposition de soi, pour améliorer ses performances physiques, sexuelles, cognitives, etc. La notion de « performance » est en parfaite adéquation avec nos sociétés gouvernées par le nombre, dans lesquelles la course au record se confond avec la course au profit, ce qui témoigne de quel basculement, du qualitatif au quantitatif, nous sommes devenus les victimes inconscientes[57]. Mais cette performance du monde, qui équivaut à l'élimination de tout ce qui apparaît comme négatif, ou à une dénégation pure et simple de l'ombre[58], est une dérive.

Dans cette course en avant, la dialectique, le contradictoire, et même l'ambivalence, tout cela est évacué au nom d'un idéal de perfection et de performance. Nous assistons en effet à une véritable disparition de la pensée dialectique, qui repose sur le travail du négatif. Comme si cette forme de pensée avait été emportée avec le rejet du marxisme ou la critique de l'hégélianisme. Pourtant, la dialectique n'est pas nécessairement une recette mécanique du genre « thèse, antithèse, synthèse » ; encore moins un système ordonné et complet qui, au final, aboutit à une réconciliation de toutes choses, ou à la connaissance de prétendues lois scientifiques de l'histoire[59]. Il existe des « dialectiques sans synthèse » qui

---

[56] Sur la critique des droits de l'homme, cf. M. Villey, *La nature et la loi*, Paris, Cerf, 2014, p. 259 ; *adde* S. Weil, *La personne et le sacré* (1950), Paris, Allia, 2020.

[57] A. Le Brun, « Du trop de déchets », Entretien chez Renart, 31 mars 2019 (en ligne).

[58] J. Baudrillard, *Le crime parfait*, *op. cit.*, p. 96.

[59] M. Villey, *La nature et la loi*, *op. cit.*, p. 23 s.

restent ouvertes[60], ou « dialogiques »[61], qui permettent de faire communiquer les éléments entre eux. La dialogique, ou « logique polyphonique », tient compte simultanément de valeurs qui peuvent être non-concordantes, voire opposées, et en cela, elle se distingue de la logique binaire du vrai et du faux. Son efficacité consiste en ce qu'une idée simple ne chasse pas une autre idée simple pour en prendre la place : elles interagissent, selon une logique d'enchevêtrement, où chacune devient la condition de l'autre et sa limite. Il y a tout à la fois interdépendance, réciprocité, récursivité entre chacun des termes.

Le chemin dialectique nécessite de recourir au négatif et à la contradiction, ce qui permet de résister à la « totalitarisation » et à l'unilatéralisme. La dialectique est donc un antidote à l'utopie qui, en tant que pensée de la plénitude, tolère mal l'altérité. Elle est également une garantie du maintien d'un second plan, ou second degré, ce qui se traduit par différentes formes : l'être et le devoir-être, l'infrastructure et la superstructure, le territoire et la carte, etc., toutes ces formes ménageant un écart vital, un espace de respiration, pour ne pas étouffer dans la positivité la plus complète. C'est que la vie n'évolue jamais dans la coïncidence tautologique avec elle-même[62]. Toute évolution suppose une non-coïncidence, une intériorité, un pli pour que soit rendu possible le déploiement. Évoluer (*evolvere*) veut d'abord dire se déplier, se déployer, laisser surgir à l'extérieur tout ce qui était replié en soi. Et l'ombre est un espace ouvert à la dialectique.

Or, la quête d'une société parfaite, l'extension de tous les possibles entraînent désormais une saturation du monde.

---

[60] F. Ost, *Le droit malgré tout (Hommage à)*, Bruxelles, Presses universitaires de Saint-Louis, 2018, p. 873.
[61] E. Morin, *La méthode,* tome 6, *Éthique*, Paris, Seuil, 2004, p. 262.
[62] B. Stiegler, *Nietzsche et la vie*, Paris, Gallimard, 2021, p. 239.

Toutes les significations vont s'aplatissant, en s'écrasant sous le poids des faits établis, c'est-à-dire « parfaits », épurés, accomplis et achevés. Il ne reste qu'une seule pensée, celle qui consiste à se soumettre au pouvoir écrasant de la réalité établie. Le style est d'une concrétude éclatante[63] et le monde devient plat (ou *flat*)[64].

Un monde plat c'est un monde dans lequel les liens se tissent de façon binaire, un monde sans limite ni horizon[65], sans tiers ni hétéronomie, où le nombre devient sujet, et le sujet, à force de se réaliser, devient objet[66]. Si certains se réjouissent de l'avènement d'un monde plat, tout entier régi par les forces immanentes du marché, débarrassé de toute hétéronomie[67], d'autres s'en inquiètent. Ainsi, dans une dystopie sobrement intitulée « *3, 2, 1* », François Ost dépeint un monde binaire, présidé par un certain Selfidor, gouverné à coups de *tweets* et de *likes*, dans lequel l'entre-deux, la faille, le pli et donc le tiers médian ont été abolis : « Ainsi s'accomplit la vérité du régime de *Binaria* : toute espèce de distance s'évanouissait, et on approchait de la platitude absolue, la troisième dimension abolie. Bientôt plus d'écart, plus d'aspérité, plus d'ombre. À perte de vue, la plénitude rassurante du même, sous la lumière cruelle d'un jour sans fard... Et ce monde finit par disparaître par implosion, doucement et sans bruit »[68].

---

[63] H. Marcuse, *L'homme unidimensionnel, op. cit.*, p. 119.

[64] Dans un conte philosophique écrit en 1884, *Flatland*, le mathématicien Edwin Abbott Abbott a imaginé un monde plat, un univers réduit à deux dimensions, peuplé de figures géométriques dépourvues de hauteur. Ce monde sans verticalité, et donc sans hétéronomie, est aussi un monde sans horizon et sans limite perceptible.

[65] Au sens grec du terme *horizôn*, qui signifie limite, borne.

[66] A. Supiot, *La gouvernance par les nombres, op. cit.*, p. 179.

[67] T. Friedman, *The World is flat*, cité par A. Supiot, *La gouvernance par les nombres, op. cit.*, p. 162.

[68] F. Ost, *Si le droit m'était conté*, Paris, Dalloz, 2019, p. 125 s.

Ce monde-là est le nôtre. Dans ces conditions, rien d'étonnant à ce que la transparence soit devenue l'une des valeurs suprêmes de cette nouvelle utopie. Car un monde plat est aussi un monde sans ombre[69].

[69] R. Casati, *La découverte de l'ombre, De Platon à Galilée, une énigme qui a fasciné tous les grands penseurs de l'humanité*, Paris, Albin Michel, 2002, p. 13.

Chapitre 2.
La transparence totalitaire

> « *La vie sociale serait invivable si par un miracle de science-fiction, les humains devenaient transparents les uns aux autres* ».
>
> J. Carbonnier[70]

Pour en revenir à l'utopie, celle-ci s'accompagne généralement d'un impératif de transparence, de limpidité : toute pudeur en est proscrite[71]. Le soleil est un symbole récurrent de l'idéal utopique parce qu'il domine la Terre de sa lumière et qu'à lui seul, rien n'est dissimulé. Mais vivre dans la Cité du soleil de Campanella, le Phalanstère de Fourier, le Panoptique de Bentham, dans ces lieux où tout est public, où il n'est plus besoin de clés ni de serrures, où l'homme est soumis aux yeux de tous, conduit à la déshumanisation. Car une vie n'est humaine qu'à la condition de pouvoir dérober une part d'elle-même aux yeux des autres. C'est précisément la part de l'ombre.

L'utopie est perverse parce que voyeuriste. Tout doit être saisi, vu, mis en circulation ; aucune face cachée ne doit se

---

[70] J. Carbonnier, « Propos introductifs », *in* « La transparence », *RJ com.*, nov. 1993, n° spéc.

[71] E. Fiat, « De la pudeur comme gardienne de l'intériorité », *in Le devenir de l'intériorité à l'ère des nouvelles technologies*, Lormont, Le Bord de l'eau, 2018, p. 53.

dérober. Tel est en effet le propre de la perversion[72]. Dans son *Histoire de la folie*, Foucault a écrit : « il n'y a pas d'ombre chez Sade »[73]. Tout y est exhibé, étalé au grand jour, sous une implacable lumière. Dans l'univers manichéen du pervers, il n'est pas de place pour le clair-obscur. Au même titre que la perversion, l'utopie institue entre ses membres le règne de la plus grande visibilité[74]. Non seulement elle méconnaît l'opposition entre vie publique et vie privée, mais elle la rend tout simplement impossible. Tout est public dans la vie des utopiens, qui est une vie sans secret, sans intimité, donc une vie sans intériorité. C'est un trait qu'elle partage avec les totalitarismes.

Dans une interview datant de 2017, le philosophe Dominique Lecourt constate que « paradoxalement, la transparence livre les citoyens à une conception de la société qui favorise un pouvoir sans aucune limite. C'est bien l'idée du régime totalitaire. La différence, c'est qu'il ne s'agit plus d'un régime ouvertement brutal du pouvoir, mais d'un pouvoir qui se veut souriant auquel, néanmoins, les individus sont contraints d'adhérer totalement »[75]. Cette adhésion de la part des citoyens s'explique notamment par une confusion entre illégalité et intimité. On a tendance à considérer que ce qui est caché est suspect et, par conséquent, se soumettre à un idéal de transparence revient à se déclarer innocent. Pourtant c'est là un amalgame erroné.

Il est vrai que la transparence est perçue comme la vertu démocratique par excellence. Elle est assurément le corollaire indispensable d'une nécessaire moralisation de la vie politique,

---

[72] J.-P. Lebrun, *La perversion ordinaire*, *op. cit.* ; F. Ost, *Sade et la loi*, Paris, Odile Jacob, 2005.

[73] M. Foucault, *Histoire de la folie à l'âge classique* (1961), Paris, Gallimard, 1972, p. 135.

[74] C. Godin, *Faut-il réhabiliter l'utopie ?*, *op. cit.*, p. 36.

[75] D. Lecourt, « La transparence mène à une tyrannie souriante », *Figarovox*, 10 fév. 2017 (en ligne).

et elle contribue également à la sécurité de tous les citoyens. Cependant, si dans la sphère publique, elle est absolument indispensable au plein développement du débat public et de la démocratie, les choses se compliquent lorsqu'elle se répand dans la sphère privée. Selon Hannah Arendt, qui a longuement étudié le système totalitaire, lorsque la sphère privée devient transparente, avec la mise en visibilité de l'intimité du corps et de l'esprit, alors il n'est plus de sphère publique possible[76]. La civilisation n'est rien d'autre que le développement de la vie privée. L'existence tout entière du sauvage se déroule en public, commandée par les lois de la tribu. Et la vie privée est l'intériorisation progressive des lois tribales à l'intérieur de ce nœud de liens que constitue l'individu. Par suite, quand les citoyens et la société civile deviennent eux-mêmes transparents, le spectre du totalitarisme ressurgit inévitablement. Poussée à l'excès, la transparence risque donc de saper la société démocratique, voire de la détruire.

Le *Panopticum*, de nos jours, ne se limite plus à l'univers particulier de la faute et il a changé de forme. Il se diffuse techniquement à très large échelle, par le truchement des nouvelles technologies. La multiplication des réseaux sociaux, le recueil des données personnelles, la banalisation de la vidéosurveillance, les outils de reconnaissance faciale, la géolocalisation des utilisateurs d'Internet, tout ceci participe d'une mise en visibilité de toutes les zones d'ombre au nom de la sécurité et… de la santé.

Sans doute, ces objectifs sont-ils tout à fait légitimes. Ils ont d'ailleurs valeur constitutionnelle. Toutefois, la multiplication et l'enchevêtrement des dispositifs de surveillance entraînent *de facto* un changement de paradigme. Par exemple, alors que la vidéosurveillance désormais rebaptisée « vidéoprotection », emblème des « *smart cities* », est censée protéger les citoyens, elle révèle surtout un nouvel aspect de la société qui est en train

---

[76] H. Arendt, *L'humaine condition* (1958), Paris, Gallimard, 2012.

de se construire. Ainsi, à Singapour, en 2021, des robots patrouillent dans les rues et réprimandent les habitants se livrant à des « comportements sociaux indésirables », tels que fumer dans des zones non autorisées ou ne pas respecter les mesures barrières...

Insensiblement, tout cet arsenal transforme nos sociétés en sociétés de défiance[77]. Nous voyons émerger une société technologique de surveillance généralisée, anticipée par Foucault[78] et développée par Deleuze, qui a décrit le passage de la société disciplinaire à la « société de contrôle »[79]. L'expression désigne une société fonctionnant par contrôle continu, et non plus par enfermement. Aujourd'hui, la formule abstraite du panoptisme n'est plus de « voir sans être vu », mais d'imposer une conduite quelconque à une multiplicité humaine. C'est pourquoi, ce nouvel ordre de la « sous-surveillance », Jean-Gabriel Ganascia le qualifie de « *catopticon* » (néologisme issu de « catoptrique », qui désigne la science des miroirs) dès lors que son architecture ne connaît plus de surveillant central, mais un système de miroirs qui fait que chaque prisonnier est soumis au regard de tous les autres[80].

On peut reprendre ici l'expression forgée à d'autres fins par Hannah Arendt lorsqu'elle parlait de l'apparition d'une « tyrannie sans tyran »[81]. Dans nos sociétés, la fonction tyrannique se trouve répartie entre les individus. La « dictature de la visibilité » a ceci de particulier qu'elle est une dictature sans dictateur. C'est que la place de l'observateur central du panoptique est dorénavant occupée par les individus eux-

---

[77] M. Delmas-Marty, « Le rêve de perfection transforme nos États de droit en États policiers », *Le Monde*, 1er mars 2021.

[78] M. Foucault, *Surveiller et punir, Naissance de la prison*, Paris, Gallimard, 1975.

[79] G. Deleuze, *Pourparlers*, Paris, Les Éditions de Minuit, 1990, p. 23.

[80] J.-G. Ganascia, *Voir et pouvoir : qui nous surveille* ?, Paris, Le Pommier, 2009.

[81] H. Arendt, *Du mensonge à la violence*, Paris, Calmann-Levy, 1972, p. 138.

mêmes, et nous nous trouvons catapultés au centre d'un système optique qui nous échappe totalement et dont nous sommes pourtant les agents et les victimes[82].

Notre société est incontestablement devenue une société de la transparence, ce qui nécessite en permanence que soit exposée, au regard de tous, la conformité des individus à la norme. C'est ce que l'on peut appeler le « grand blanchiment » au nom de l'impératif de transparence. Une transparence généralisée visant l'expulsion du négatif sous l'apparence de l'ombre.

Ceci se traduit tout d'abord par une injonction à la parole : tout dire, trop dire, s'exprimer sur tout et à tout propos, s'expliquer, se justifier, tout doit donner ses raisons, tout doit être soumis à la raison. La parole débridée devient obscène : tout est mis sur le devant de la scène, rien ne peut plus être caché ou secret. Nous avons complètement perdu la *discretio*, l'*aidôs*[83], c'est-à-dire la pudeur, le respect, la juste distance. Cet incessant flux de paroles devient assourdissant.

La transparence requiert également le tout voir. Cela étant, le visible n'est pas le vrai. En effet, il y a un paradoxe de la transparence. Par définition, elle devrait être invisible, pourtant elle a une substance. C'est pourquoi la transparence n'est jamais un gage de vérité. La vérité, on y reviendra, est un processus de dévoilement sans fin, un dévoilement de ce qui se montre en se retirant et qui, dans un même mouvement, cache et révèle[84]. En tant que telle, elle requiert donc le caché, le secret, le voilé. Dans cette optique, ce qui est intéressant c'est le point obscur et non la transparence. C'est que « l'être de tout être se fonde dans des dimensions non représentables qui

---

[82] A. Le Brun et J. Armanda, *Ceci tuera cela*, Paris, Stock, 2021, p. 237.
[83] J. Alric, « *Aidôs*, la pudeur grecque », *Revue du Mauss*, 2000, n° 15, p. 150.
[84] R. Gori, *La preuve par la parole, Essai sur la causalité en psychanalyse*, Ramonville Saint-Agne, Érès, 2008, p. 62.

restent toujours dans un angle mort, y compris pour soi-même »[85].

Cette exigence de voir, plus que de savoir ou de comprendre, disqualifie la confiance dans la parole et ruine toute possibilité de vie privée ou d'intimité. On assiste à une victoire progressive de l'extériorité sur l'intériorité. Ceci risque de détruire la possibilité même de la conscience, qui est un écart par rapport au monde[86].

Or, la cité, aujourd'hui soumise à une transparence généralisée, une pensée unique et totalitaire, ne laisse plus aucun intervalle, plus aucun espace de respiration[87]. L'écart, la distance vitale, sont menacés par la prolifération de l'information. Un risque d'insolation mortelle nous guette. Dans de telles conditions, il est plus difficile de se construire un for intérieur. Le for intérieur n'est pas un donné. Il ne peut se constituer sans le regard d'autrui pas plus qu'il ne peut s'accomplir qu'à l'abri d'un tel regard… À vivre perpétuellement sous le regard d'autrui, on finit par se perdre.

Toute possibilité de dialectique s'en trouve par-là même compromise. La dialectique public/privé évidemment. On l'a constaté avec le télétravail, qui empiète sur le territoire de l'intime. Celui-ci est d'ordinaire dédié au repos, à l'épanouissement. Lorsqu'il devient un lieu de travail, il perd sa valeur de refuge. Mais plus largement, c'est la dialectique du visible et de l'invisible, de l'extime et de l'intime, du montré et du secret, du dehors et du dedans, de la veille et du sommeil, du jour et de la nuit, qui est anéantie.

Dans un livre intitulé *Modernity and ambivalence*, le sociologue Zygmunt Bauman estime que cette volonté de

---

[85] M. Benasayag et C. Cany, *Le retour de l'exil, Repenser le sens commun, op. cit.*, p. 57.
[86] S. Zizek, *La parallaxe*, Paris, Fayard, 2008, p. 328.
[87] B. Salignon, *Où, L'art, l'instant, le lieu*, Paris, Cerf, 2008, p. 95.

rendre le monde transparent est, en tout état de cause, vouée à l'échec[88]. Car ce projet nie l'ambivalence en tant qu'élément constitutif du monde ainsi que l'aléatoire de l'existence humaine. Faire de la lumière où il n'y en a pas ne produit pas plus de visibilité, mais déplace uniquement le projecteur. Toute prétention à la certitude et à la transparence ne peut être qu'un alibi pour le déploiement de politiques sécuritaires.

Aussi bien, cette velléité de résoudre l'ambivalence et de sauter par-dessus son ombre dans la positivité absolue est une utopie dangereuse qui repose sur l'illusion d'un savoir absolu. La représentation d'un état final harmonieux, clair et limpide, aboutit à exclure tout ce qui est hétérogène, et donc inaccessible à l'homogénéisation. Ce qui, naturellement, se traduit dans l'ordre du droit.

---

[88] Z. Bauman, *Modernity and ambivalence*, Cambridge, Polity Press, 1991.

Chapitre 3.
Un droit pervers pour une société débordée

« *À force de sacrifier l'essentiel à l'urgence, on finit par oublier l'urgence de l'essentiel* ».

E. Morin[89]

Le droit lui-même ne sait plus où donner de la tête et se laisse absorber par cette entreprise de grand blanchiment (« la grande lessive » selon Baudrillard) consistant à refouler le négatif, à faire comme s'il n'existait pas. On évacue le conflit au nom du consensus mou et des soi-disant valeurs universelles[90]. On tente de pousser les contradictions au point où toutes les ambiguïtés, les oppositions, font place à des significations univoques. On vise une pacification par abolition des différends et de la négativité. Et l'on pêche ainsi par excès d'unilatéralisme[91]. L'essentialisation l'emporte sur la dialectique, la contradiction est éclipsée par l'uniformisation, l'homogénéisation se répand partout.

Tout cela se paie par une prolifération normative[92], censée combler les vides juridiques, pour assurer notre confort, notre bien-être, pour veiller sur notre santé et notre sommeil. Mais

---

[89] E. Morin, *La méthode, Éthique*, *op. cit.*, p. 51.
[90] M. Benasayag et A. Del Rey, *Éloge du conflit*, *op. cit.*
[91] M. Villey, *La nature et la loi*, *op. cit.*, p. 185.
[92] C. Thibierge, *La densification normative, Découverte d'un processus* (sous la dir. de), Paris, Mare & Martin, 2014.

c'est un sommeil sans nuit. Tout manque doit désormais être colmaté, tout intervalle doit être rempli. Tandis que notre société est malade d'un excès de droit, le seul remède que l'on continue à lui apporter consiste à créer toujours plus de règles, entraînant de la sorte une hypertrophie de l'ordre juridique. Le constat d'une inflation législative vertigineuse est devenu alarmant. De plus en plus, on perçoit un monde surchargé de normes, qui s'enchevêtrent, s'opposent, « surgissant de partout, à tout moment et en tous sens »[93]. Néanmoins, à vouloir tout juridiciser, nous finissons par oublier l'essentiel de la démocratie, son joyau, qui n'est pas le droit, mais le non-droit, la liberté. Le droit n'est plus alors limite, il devient la totalité. De lien entre les hommes, il se transforme en ligature.

Il faut se souvenir en effet que la rationalité juridique est faite d'écarts. D'écarts à la norme, d'écarts entre les sujets, d'écarts entre les faits et le droit, entre l'être et le devoir-être... À la différence des lois scientifiques qui sont intérieures aux faits, les lois juridiques sont distinctes des faits réels et ne s'appliquent qu'à des faits juridiques, c'est-à-dire à des faits requalifiés en droit. Loin de relever de la factualité pure et de l'empirisme, le droit impose en la construisant sa propre réalité, une surréalité, qui apparaît comme une fiction réalisée[94]. En insérant un filtre entre l'individu et le monde qu'il occupe, le droit contribue à le transformer[95]. Il déforme le réel, élabore des « contre-mondes » conformes aux valeurs qu'il entend imposer et, en cela, il est capable de résister à la pression des faits, aux influences de l'opinion et aux manœuvres du pouvoir[96].

---

[93] M. Delmas-Marty, *Pour un droit commun*, Paris, Seuil, 1994, p. 52.
[94] F. Ost et M. Van de Kerchove, *Le droit ou les paradoxes du jeu*, Paris, PUF, 1992, p. 151.
[95] R. Libchaber, *L'ordre juridique et le discours du droit,* Paris, LGDJ, 2013, p. 25.
[96] F. Ost, *Raconter la loi, Aux sources de l'imaginaire juridique*, Paris, Odile Jacob, 2004, p. 37-38.

C'est cet écart entre le fait et le droit, entre l'être et le devoir-être, ce décalage, ce déphasage, qui permet l'interposition du tiers, absolument indispensable à la notion de limite, de bord. Cette logique ternaire a une double fonction de séparation puis de médiation[97]. En ce sens, le droit repose sur une anthropologie qui n'est ni celle du tiers exclu, ni celle du tiers inclus, mais celle du « tiers-médian ». Loin d'être un ensemble de commandements, le droit est avant tout un espace, un entre-deux, une zone intermédiaire, qui permet d'unir et de séparer en même temps des hommes liés entre eux au moyen de promesses[98].

Il est ce qui réunit les hommes lorsqu'ils nouent, les uns avec les autres, des rapports normés, tout en les maintenant éloignés, en préservant la pluralité qui nourrit les relations humaines. Il doit permettre d'instaurer un espace commun qui ne soit pas négateur des différences. Il doit unir ce qui est désuni tout en conservant la déliaison. Il doit former un lien invisible entre les hommes. Ainsi que le soutient Hannah Arendt au sujet de la politique, le droit se présente comme « l'espace-entre-les-hommes »[99], qui est à la fois rapprochement et conservation de la distance, possibilité d'association dans l'action collective et préservation des différences.

Car sans écart, il n'est pas de lien social[100]. Le philosophe François Jullien a écrit : « il faut de l'*autre*, donc à la fois de l'écart et de l'entre, pour promouvoir le commun »[101]. Le commun n'étant pas le semblable, il faut penser le lien entre des termes disparates et qui restent disparates[102]. Le propre de la fonction médiatrice du droit est de permettre de s'écarter de soi,

---

[97] F. Ost, *Le droit ou l'empire du tiers*, *op. cit.*

[98] A. Supiot, *Homo juridicus, Essai sur la fonction anthropologique du droit*, Paris, Seuil, 2005.

[99] H. Arendt, *Qu'est-ce que la politique ?,* Paris, Seuil, 1995, p. 42.

[100] F. Jullien, *L'écart et l'entre*, Paris, Galilée, 2012, p. 72.

[101] *Ibid.*

[102] M. Foucault, *Naissance de la biopolitique* (1979), Paris, Gallimard-Seuil, 2004, p. 44.

de faire apparaître de l'altérité en soi et en dehors de soi, et ce, pour pouvoir tisser des liens[103]. Elle fait se rejoindre un *même* et un *autre*, un ici et un là-bas, sans jamais combler la distance. Et cette distance n'est pas une zone de confort, mais un champ de tensions.

Cette distance, cet écart, c'est l'ombre, et c'est précisément par cet écart qu'il peut y avoir du lien. Pour sa part, Gilles Deleuze a parlé du « pli ». Quoi qu'il en soit, le rejet de cet espace tiers, médian est peut-être le trait le plus caractéristique et le plus inquiétant du droit contemporain[104]. Et l'on ne peut que constater la faillite de celui-ci à assurer sa fonction médiatrice.

Comme le relève Jean-Pierre Lebrun, nous sommes passés « d'un monde incomplet, mais qui avait une certaine consistance, ne serait-ce que parce qu'il reposait sur des figures du tiers, à un monde complet, mais devenu totalement inconsistant »[105]. Jusqu'ici, nous avons pensé une réalité inachevée, travaillée par le négatif, par le vide. Aujourd'hui, il s'agit de penser une réalité achevée à laquelle il ne manque rien.

En éliminant le négatif, l'effort conceptuel cesse de maintenir la tension entre l'être et le devoir-être[106]. Dans un monde où l'on ne parle plus que de gestion des risques, tout se passe comme si « le gouvernement des hommes » était remplacé par « l'administration des choses ». Le plein des choses est censé pouvoir évacuer la négativité de la condition humaine[107].

Tout écart a vocation à disparaître, ce qui entraîne la forclusion de l'espace du tiers, et donc la possibilité même d'un

---

103 F. Ost, *Le droit ou l'empire du tiers*, *op. cit.*, p. 66.

104 A. Supiot, « Présentation », *in Tisser le lien social* (sous la dir. de), Paris, Maison des sciences de l'homme, 2004.

105 J.-P. Lebrun, *La perversion ordinaire*, *op. cit.*, p. 38.

106 H. Marcuse, *L'homme unidimensionnel*, *op. cit.*, p. 163.

107 J.-P. Lebrun, *La perversion ordinaire*, *op. cit.*, p. 35.

interdit juridique. Sans cet écart, tout devient disponible. Partout, ce qui était séparé est confondu, partout est abolie la distance, et cette collision des pôles fait qu'il n'est plus de jugement de valeur possible. Par l'abolition de la distance, tout devient indécidable[108]. Le plan de l'être et celui du devoir-être en viennent à coïncider. Tout le droit devient un fait et réciproquement, tout fait devient normatif, qu'il soit licite ou non.

Antoine Garapon parle à juste titre d'une « factualisation du droit »[109]. Celui-ci perd sa valeur axiologique. La normativité axiologique (celle des valeurs) disparaît peu à peu, laissant la place à la normalisation factuelle. L'univers de la normalisation est celui des signes univoques, où le glissement de sens et l'équivoque n'ont pas lieu d'être et où personne désormais n'est plus sujet, ni responsable de quoi que ce soit[110]. La perspective devient celle des faits, des causes et de la nécessité et non plus celle des obligations, de l'imputation et de la responsabilité. Il s'agit de gouverner à partir du réel et de ses contraintes propres, et non de gouverner le réel depuis une position d'extériorité et d'autorité. C'est l'empire du fait établi, de la causalité pratique.

Le dernier avatar en date de cette tendance se traduit par la révolution numérique, adossée à un imaginaire cybernétique qui conduit à penser la normativité non plus en termes de législation, mais en termes de programmation. On n'attend plus des hommes qu'ils agissent librement dans le cadre des bornes que la loi leur fixe, mais qu'ils réagissent en temps réel aux multiples signaux qui leur parviennent pour répondre aux objectifs de performance qui leur sont assignés[111]. Le droit n'est

---

[108] J. Baudrillard, *Le pacte de lucidité ou l'intelligence du mal,* Paris, Galilée, 2004, p. 63.

[109] A. Garapon, « Révolution graphique et crise de la dimension symbolique du droit », *in Le droit malgré tout, Hommage à François Ost*, Bruxelles, Presses Universitaires de Saint-Louis, 2018, p. 279.

[110] M. Benasayag, *Cerveau augmenté, homme diminué*, *op. cit.*, p. 159 s.

[111] A. Supiot, *La gouvernance par les nombres, op. cit.*, p. 23.

plus qu'un ensemble d'informations, de données. Il n'est plus ni langage, ni pensée. L'écriture informatique se démarque par sa grande capacité d'homogénéisation, qui permet de faire passer sur le même plan la réalité des faits et les règles de droit, les personnes et les choses, l'être et le devoir-être. Par l'encodage du réel, le monde du droit devient unidimensionnel et *flat*. Il n'y a plus qu'un seul niveau.

C'est là un droit devenant purement fonctionnel, abrégé et unifié, qui est le propre de la pensée unidimensionnelle jadis dénoncée par Marcuse[112]. Le droit perd sa dimension symbolique, il manque l'écart, « l'aire transitionnelle » pour parler comme le psychanalyste Winnicott. L'interdit juridique n'est plus transcendant. Il a déchu du niveau n+1. Jadis, il nous était révélé d'en haut, il provenait d'une divinité soucieuse de notre destin ou d'une figure tierce et donc impartiale. Aujourd'hui, c'est nous qui le fabriquons, c'est une sécrétion neuronale, voire une programmation algorithmique. Il n'a plus aucune grandeur, il disparaît purement et simplement (« il est interdit d'interdire ») ou bien il redevient paradoxalement un objet de nostalgie, d'où un regain de l'autoritarisme.

Dans le premier cas, le devoir s'efface au profit du possible. En écrasant le droit sous le règne des faits, en réduisant au donné ce qui est construit, une telle évolution étend le paradigme du marché à tous les secteurs de la vie humaine, et assimile le droit lui-même à un produit en compétition sur le marché des normes[113]. Notre droit se binarise, se contractualise, de sorte que la place du tiers est dorénavant dévolue à la procédure. La négociation apparait comme la condition unique de légitimation des décisions qui sont prises. Décider c'est se soumettre à une logique de la discussion et de la justification, qui est de plus en plus déléguée à des machines. Cette horizontalisation des rapports ne peut pourtant masquer le fait

---

[112] H. Marcuse, *L'homme unidimensionnel*, *op. cit.*

[113] A. Supiot, *La gouvernance par les nombres, op. cit.*, p. 160.

que la place du tiers doit être inscrite chez le sujet pour qu'il puisse s'engager dans la dynamique sociale.

L'injonction contemporaine devient : « tu dois, parce que tu peux ». L'impératif catégorique devient : « jouis ! »[114]. Cet impératif est celui de Sade. Le monde sadien est en effet un univers dans lequel les individus obéissent à un seul commandement suprême : « Jouis sans limite ! » On assiste à la transformation d'une jouissance permise en une jouissance obligatoire. Notre époque se caractérise ainsi par le fait que nous n'avons plus affaire à une parole qui interdit, qui pose des limites, des bornes, mais à une parole qui incite, qui enjoint. Et ceci revient à remettre au premier plan le fait au détriment du devoir-être.

C'est là ce que le psychanalyste Jean-Pierre Lebrun appelle « la perversion ordinaire »[115]. La perversion c'est au fond cette dénégation de toute négativité, de toute altérité, cette forclusion du vide et cette adhésion au *même*. Ainsi opère le modèle saturant de la tautologie qui, indéfiniment, reproduit son programme, à l'opposé de l'inventivité symbolique qui se nourrit de l'écart et de l'incomplétude. Le monde du pervers est un monde plein, un monde entièrement et immédiatement réalisé, un monde clos. Pour François Ost, c'est « un monde sans refoulement, sans inconscient, sans rêve, sans condition, sans limite, sans dette, sans reste : un monde sans ombre »[116].

Il ne faut cependant pas s'imaginer que le monde du pervers est un monde sans lois. Seulement, ces lois sont tordues de partout. Précisément, la force de la perversion est de s'ériger en système, ce qui s'accompagne tout à fait de l'existence de règles, qui prennent la forme de règlements pointilleux, de statuts tatillons, de commandements délirants et minutieux. C'est une façon toute perverse de réintroduire la « loi ».

---

[114] D.-R. Dufour, *La cité perverse, Libéralisme et pornographie*, Paris, Denoël, 2009.
[115] J.-P. Lebrun, *La perversion ordinaire, op. cit.*
[116] F. Ost, *Sade et la loi, op. cit.*, p. 7.

Tel est l'état dans lequel se trouve notre droit positif contemporain, qui se réduit peu ou prou à la réglementation. Aussi bien, l'univers juridique actuel devient celui d'une « morale sans éthique »[117], c'est-à-dire d'un monde où la loi, faute d'être intériorisée dans la réciprocité des reconnaissances mutuelles, faute donc de faire sens commun, se présente sous la forme des interdits les plus sévères. Car comme l'écrit Jean Florence, « quand s'oublie sa nature symbolique…, l'héritage signifiant cesse de faire énigme pour n'être plus qu'une lettre cruelle, bête et meurtrière »[118].

La « cruauté de la loi » est en grande partie liée à sa versatilité, sa mutabilité, sa plasticité, qui l'éloignent toujours plus de la règle générale et abstraite qu'elle est censée fixer. Cette mobilité fait déchoir la loi de sa hauteur transcendante, plongeant du coup la société dans l'arbitraire. Elle peut changer sans cesse, être modifiée à chaque session parlementaire, elle devient expérimentale. Elle peut se contredire sans cesser d'être la loi. Elle est un chantier permanent[119]. Cette loi, modifiable au gré des majorités politiques, est personnalisable, variable en fonction des courants et des rapports d'influence. Bref, la loi devient injuste et perverse. Et le sujet, face à une loi toute personnelle, qui a perdu son caractère général, s'en trouve réduit à se tourner vers une loi supposée fondamentale, une loi naturelle, biologique, mais qui se trouve être en réalité une loi de pure nécessité.

Et que dire alors des lois votées dans le cadre de l'état d'urgence, lequel tend à se pérenniser ?

---

[117] P. Ricoeur, *Éthique et morale, Lectures 1,* Paris, Seuil, 1991, p. 256 s.

[118] J. Florence, « Le désir de la loi », *in Ouvertures psychanalytiques*, Bruxelles, Presses universitaires de Saint-Louis, 1985, p. 243.

[119] R. Libchaber, *L'ordre juridique et le discours du droit, op. cit.*, p. 53.

Assurément, un régime d'exception est toujours attentatoire aux droits et libertés. C'est la raison pour laquelle il n'est acceptable qu'à la triple condition d'être temporaire, justifié par des circonstances exceptionnelles et de n'imposer que des mesures strictement nécessaires et proportionnées à l'objectif poursuivi qui, en toute hypothèse, doit être le retour le plus rapidement possible à une situation normale permettant le rétablissement du droit commun.

Certes, les mesures adoptées depuis le début de la pandémie liée au coronavirus sont présentées comme étant provisoires. Néanmoins, on sait bien depuis Foucault que les épidémies sont des laboratoires d'innovation politique. Dans *Surveiller et punir*, il expliquait comment la propagation de la peste avait permis aux États d'imposer au XVIIe siècle des mesures coercitives dans le cadre de dispositifs disciplinaires. Pour sa part, Albert Camus a aussi mis en garde contre ce phénomène d'accoutumance : « Alors même que le temps de la peste était révolu, ils continuaient à vivre selon ses normes »[120].

Au nom de l'effet cliquet qui régit la vie de nos institutions, il n'est pas absurde de se demander si ces décisions sanitaires, une fois mises en œuvre, perdureront dans le temps. Il existe une tendance à la normalisation de l'état d'exception, on l'a déjà constaté avec les mesures anti-terrorisme. En 2015, suite aux attentats du mois de novembre, une loi sur l'état d'urgence fut adoptée dont certaines dispositions furent ensuite intégrées dans le droit commun. En 2020, la pandémie liée au coronavirus nécessitait à nouveau un recours à l'état d'urgence, dont nous ne sommes pas encore sortis.

À juste titre, la Commission nationale de l'informatique et des libertés pointe « le risque d'accoutumance et de banalisation de dispositifs attentatoires à la vie privée et de glissement, à l'avenir, et potentiellement pour d'autres considérations, vers une société où de tels contrôles deviendraient la norme et non

---

[120] A. Camus, *La peste* (1947), Paris, Gallimard, 1972, p. 246.

l'exception »[121]. De même, le Conseil d'État estime que sur le long terme, l'état d'urgence est délétère : « il déstabilise le fonctionnement ordinaire des institutions, en bouleversant le rôle du Parlement et des institutions territoriales, banalise le risque, restreint les libertés de façon excessive et altère, à terme, la cohésion sociale »[122].

La pandémie de Covid 19 n'a fait qu'accentuer une « folie normative », qui sévit déjà depuis plusieurs décennies, au nom de l'obsession sécuritaire qui s'est emparée de nos sociétés de la peur. La peur de la Covid est venue s'ajouter à celle du terrorisme et de l'insécurité. L'ennemi étant le virus, il est d'autant plus dangereux qu'il est invisible.

Suscitant un retour en force du droit, qui s'est traduit par une avalanche de textes qui n'ont même pas valeur de loi pour la plupart (décrets, ordonnance), la pandémie a produit un excès de droit susceptible d'aboutir à sa dénaturation, voire sa négation[123]. La rhétorique de la sécurité, ou celle de la santé publique, justifie une restriction de nos libertés, ce qui revient à dire que la sécurité constituerait la première des libertés. Les choses sont pourtant beaucoup plus nuancées[124].

Sans doute, la peur du risque, tant au niveau individuel que collectif, est-elle une constante de l'espèce humaine. Et cette peur s'est accentuée au fur et à mesure des progrès. Mais cette « folie normative », qui s'est accélérée sous le coup de l'urgence sanitaire, pourrait mener à une mutation de notre régime politique. Comme l'a écrit Mireille Delmas-Marty, « après les discours musclés annonçant l'éradication du terrorisme, voici les discours savants sur le « Zéro Covid ». Et toujours la même

[121] CNIL, 21 juillet 2021.
[122] CE, 29 septembre 2021.
[123] F. Ost, « Vivre sans droit ? », *in Vivre sans, Que reste-t-il de notre monde ?* (sous la dir. de P. Larrieu), Toulouse, Érès, 2020, p. 83.
[124] M. Delmas-Marty, *Libertés et sûreté dans un monde dangereux*, Paris, Seuil, 2010.

obsession sécuritaire, le même rêve d'un monde sans risque, sans crime et sans maladie. On s'en réjouirait si l'on ne savait avec quelle facilité le rêve d'un monde parfait peut tourner au cauchemar des sociétés de la peur »[125].

C'est ce que le philosophe Giorgio Agamben appelle le « gouvernement par la peur ». Celui-ci consiste à utiliser l'état d'urgence pour transformer le pays en une gigantesque prison sous surveillance électronique. Dans un cercle vicieux et pervers, la limitation de la liberté imposée par les gouvernements est acceptée au nom d'un désir de sécurité, qui a été induit par ces mêmes gouvernements qui interviennent maintenant pour le satisfaire[126]. Lorsque l'étendard de la sécurité est agité, la servitude est à son comble.

Ce type d'aliénation se produit avec la complicité des sujets, qui ont si bien intériorisé les normes et leurs objectifs qu'ils deviennent eux-mêmes les agents de leur mise en œuvre et de leur contrôle. Celui-ci est d'autant plus redoutable qu'il tire sa légitimité d'avoir été voulu, et de s'inscrire dans une optique libérale. Rien n'est imposé de façon directe, tout est consenti. « La liberté est la métaphysique du bourreau », écrivait Nietzsche.

Alors, certes, on pourra rétorquer que toutes ces mesures ont été adoptées selon la procédure démocratique de l'État de droit puisqu'elles ont été entérinées par le Parlement. Cependant, n'oublions pas que l'État de droit n'est pas seulement une question procédurale. L'utopie sécuritaire, désormais sanitaire, est fondamentalement incompatible avec l'État de droit[127]. Vouloir tout maîtriser, en tout temps et en tous lieux, est non

---

[125] M. Delmas-Marty, « Le rêve de perfection transforme nos États de droit en États policiers », *préc.*

[126] G. Agamben, « L'épidémie montre clairement que l'état d'exception est devenu la condition normale », *Le Monde*, 24 mars 2020.

[127] E. Morin, « L'ère damocléenne », *Le Monde*, 22 septembre 1990.

seulement impossible techniquement, mais surtout contraire à notre tradition philosophique, qui repose sur le caractère indéterminé du futur[128]. L'imprévisibilité des dangers qui nous entourent, le sentiment d'insécurité croissant, ne doivent pas conduire à une propagation de la peur et à l'illusion qu'il existe un moyen technologique d'abolir le hasard et de prévenir les menaces. Car le rêve de perfection pourrait bien transformer nos États de droit en États policiers[129].

---

[128] M. Delmas-Marty, *Libertés et sûreté dans un monde dangereux*, *op. cit.*, p. 30.
[129] M. Delmas-Marty, « Le rêve de perfection transforme nos États de droit en États policiers », *préc.*

Chapitre 4.
Le cauchemar d'une justice parfaite[130]

> « *Tout cela montre qu'en réalité la justice est atteinte d'un syndrome identique à celui de la iatrogenèse qu'avait analysée Ivan Illich à propos de la médecine* ».
>
> J. de Maillard[131]

Indépendamment des circonstances « exceptionnelles » liées à l'état d'urgence, la quête de performance et de perfection, qui infuse toutes nos représentations, s'insinue progressivement dans l'institution judiciaire faisant surgir le « cauchemar d'une justice parfaite ». Il est vrai que, débordée, la justice ne peut plus s'en tenir aux moyens artisanaux du procès traditionnel. Elle est contrainte de trouver des protocoles d'automatisation permettant le passage du sur-mesure au « prêt-à-juger ». Elle doit recourir à des méthodes probabilistes ou statistiques qui proviennent d'une autre logique, d'une logique scientifique. C'est ce qu'on appelle la justice 2.0. Ouverture des bases de données juridiques, utilisation d'algorithmes, multiplication des *legaltechs*, justice prédictive, *profilage* des criminels, neurojustice, etc., ces méthodes font, depuis quelques années, leur apparition dans le champ judiciaire en y important leurs paradigmes. Pour autant, on peut se demander, à tout le moins, si la quête de perfection est compatible avec « l'art

---

[130] Titre emprunté à l'article de Jean de Maillard, référence suivante.
[131] J. de Maillard, « Némésis judiciaire ou le cauchemar d'une justice parfaite », *Le Débat*, 2007/1, n° 143, p. 46.

essentiellement pratique et nuancé qu'est le droit »[132]. Une justice parfaite risque bien de n'être qu'une justice déshumanisée, en rupture avec les droits fondamentaux de la personne humaine…

Soumise à des contraintes de productivité et de rentabilité, la justice est sommée de répondre à une politique du chiffre plus que de la personne. Dans ses cours au Collège de France, le Professeur Alain Supiot parle d'une « gouvernance par les nombres », pour dénoncer ce passage du qualitatif au quantitatif[133]. Un nouvel idéal normatif se répand, qui vise la réalisation efficace d'objectifs mesurables. Porté par la révolution numérique, ce nouvel imaginaire institutionnel est celui d'une société où la loi cède la place au programme et la justice à la régulation.

La justice se réduit de plus en plus à une technologie de contrôle des comportements sociaux, obsédée par une efficacité instrumentale, qui n'a plus qu'un lointain rapport avec l'idée du juste. Tous les mécanismes de contractualisation du procès, tels que la médiation pénale, la composition pénale, et surtout la comparution sur reconnaissance préalable de culpabilité (« plaider-coupable à la française »), révèlent un changement de paradigme dans la politique pénale. Particulièrement sensible aux États-Unis, où la procédure tend à se déplacer vers la négociation, *from trial to plea bargaining*, cette tendance se manifeste également en droit français.

Dans cette justice de masse, la parole de l'individu est réduite à un élément de marchandage, et ce n'est plus la vérité, la réhabilitation ou la justice qui sont recherchées, mais la performance quantitative, ce qui passe par une instrumentalisation de la parole. Il ne s'agit plus tant de savoir si une déclaration de culpabilité est vraie ou mensongère, seulement si son énonciation est utile, stratégique,

---

132 F. Gorphe, *L'appréciation des preuves en justice*, Paris, Sirey, 1947.
133 A. Supiot, *La gouvernance par les nombres, op. cit.*

fonctionnelle. Derrière cette gestion quantitative des flux pénaux, se dissimule le spectre d'une justice déshumanisée, rationalisée à l'extrême, qui est en train de perdre le sens de la vérité, du jugement et de la responsabilité[134].

C'est là encore une expression de l'unilatéralisme ambiant qui, sur le terrain judiciaire, se traduit par un déclin du contradictoire. Ce principe du contradictoire figure pourtant en tête du Code de procédure civile en tant que l'un des principes directeurs du procès[135]. Il est également mentionné dans l'article préliminaire du Code de procédure pénale et plus largement, il s'applique dans toutes les procédures, aussi bien administratives que disciplinaires, conformément à l'adage : *Audiatur et altera pars* qui signifie « que soit entendue aussi l'autre partie »[136].

En effet, le monde de la justice se présente intrinsèquement comme un espace conflictuel, contradictoire et sans orientation unique. La rationalité juridique repose sur des significations équivoques, la polysémie, l'affrontement des arguments et des rhétoriques, afin de dégager une solution propre à un cas particulier qui fasse sens. En d'autres termes, l'univocité est totalement étrangère à la logique juridique, qui repose sur l'ambivalence de toutes choses.

Or, on assiste actuellement à un relatif déclin de la fonction juridictionnelle. L'univers judiciaire connaît une véritable révolution avec ce qu'il est convenu d'appeler, sans doute à tort[137], la « justice prédictive », conçue comme un outil statistique de quantification des risques de litige, à destination des plaideurs et des juristes. Rendue possible par l'*open data*,

---

[134] R. Gori, *La dignité de penser*, Arles, Actes sud, 2011, p. 41.
[135] Article 14 et suivants du Code de procédure civile.
[136] M. Villey, *La nature et la loi*, *op. cit.*, p. 23.
[137] S. Lebreton-Derrien, « La justice prédictive, Introduction à une justice « simplement » virtuelle », *in* La justice prédictive, *Archives de philosophie du droit*, Dalloz, 2018, tome 60, p. 3.

qui permet de croiser et retraiter l'ensemble des données jurisprudentielles, et fondée sur le *machine learning,* la « justice prédictive » utilise des méthodes mathématiques afin de faciliter, et pourquoi pas à terme, remplacer le travail des juristes.

Reposant sur la mise à disposition gratuite de l'ensemble des décisions administratives et judiciaires, instaurée par la loi du 7 octobre 2016 pour une République numérique[138], la « justice prédictive », c'est-à-dire algorithmique, permet de repérer des récurrences à des fins de prédiction, et plus particulièrement de formuler, à partir de corrélations, des probabilités sur l'issue d'un dossier[139]. Des start-ups se développent, qui proposent aux justiciables de leur fournir, statistiques à l'appui, des estimations concernant les chances de gagner un procès, des prévisions sur le montant des indemnités qu'il est possible d'obtenir, sur les dépenses qu'un éventuel contentieux est susceptible d'occasionner, sur les tendances d'une juridiction ou d'un juge particulier[140]. À partir du traitement informatique des décisions de justice, il s'agit donc de mettre en place des stratégies juridiques et/ou contentieuses, afin d'anticiper les bénéfices et les risques d'une action en justice, voire d'en prédire l'issue.

---

[138] La loi du 7 octobre 2016 pour une République numérique prévoit une « mise à la disposition du public à titre gratuit » des décisions de justice « dans le respect de la vie privée des personnes concernées ».

[139] P. Deumier, « La justice prédictive et les sources du droit : la jurisprudence du fond », *in* La justice prédictive, *op. cit.*, p. 49.

[140] *Case Law Analytics* se propose de quantifier l'aléa judiciaire ; *Predictice* promet qu'en un clic, son algorithme calcule les probabilités de résolution d'un litige, le montant des indemnités et identifie les moyens les plus influents comme les arguments ayant le mieux convaincu un tribunal ; *Supra Legem* s'est spécialisé dans la justice administrative ; *Tyr-Legal* dans le droit social.

Les principaux avantages de cet outil de quantification sont sans doute d'éclairer les justiciables sur les chances de gagner un procès, mais également les juges qui pourront intégrer ces données dans leur prise de décision. Il s'agit par là-même d'introduire de la performance dans le droit. Un droit plus performant serait plus « apte à réduire l'aléa, à réduire l'incertitude, à prévoir les solutions juridiques et à assurer l'application des règles »[141].

Par ailleurs, l'introduction de l'intelligence artificielle dans le monde judiciaire donne à penser qu'elle pourrait contribuer à une meilleure impartialité de la justice et à une démocratisation des décisions. Au-delà, la « justice prédictive » permettrait d'harmoniser la jurisprudence dans un système qui, tel le nôtre, n'accorde pas un rôle prépondérant à la règle du précédent.

Cette utilisation de l'intelligence artificielle dans le domaine de la justice répond à une demande de la part des justiciables, qui font de moins en moins confiance à l'institution. Force est de reconnaître que l'opinion publique est plus rassurée par une décision établie sur la base d'algorithmes que par une décision humaine, serait-elle entourée de toutes les garanties procédurales. Des indicateurs chiffrés permettraient notamment de satisfaire à la demande démocratique de plus de transparence, et peut-être de lever le soupçon de partialité et d'arbitraire qui suit la justice comme son ombre.

Cependant, le risque est d'accentuer un transfert de confiance des juges vers la technologie, en opposant à la décision judiciaire la certitude scientifique. C'est la raison pour laquelle les magistrats sont plutôt réticents face à cette offre nouvelle de la part des professionnels du droit. Ainsi, lors de l'audience de rentrée de janvier 2017, la première Présidente de la Cour d'appel de Paris dressait un constat alarmiste, et faisait

---

[141] V. Lasserre, « Justice prédictive et transhumanisme », *in* La justice prédictive, *op. cit.*, p. 311.

valoir que si « la justice prédictive peut répondre à la demande sociale de davantage de prévisibilité dans la décision de justice..., elle peut également présenter des risques importants : risque pour la liberté, risque de pression sur les magistrats, risque de décontextualisation des décisions, risque d'uniformisation des pratiques, etc. »[142]. Car le risque d'uniformisation et de standardisation est important.

Dans un système qui transpose les méthodes actuarielles d'évaluation utilisées par les compagnies d'assurance pour calculer les risques[143], quelle place reste-t-il pour le revirement de jurisprudence ? La prédiction repose non sur ce qui peut arriver, mais sur ce qui est *déjà* arrivé. Il n'y a « pas d'imprévu dans ce système dit de *logique actuarielle*, pas de Cygne noir, pas d'invention non plus. Nous n'accordons de crédit qu'à ce qui est déjà arrivé »[144]. Cette logique probabiliste, initialement mise au point par les assureurs, est *de facto* uniformisante, et assez peu compatible avec notre justice, qui repose sur le principe d'individualisation et le cas par cas.

À terme, ce dont il est question c'est de court-circuiter toute délibération, bien trop lente, donc inefficace, pour la remplacer par des systèmes experts. Par exemple, lorsque des plateformes offrent de résoudre des conflits en ligne (*online dispute resolution*), les échanges entre les parties ne sont plus encadrés par des règles de procédure comme dans le procès, ni par un protocole comme dans les modes alternatifs de règlement des litiges (conciliation, médiation, arbitrage), mais ils sont

---

142 Discours de Chantal Arens, première Présidente de la Cour d'appel de Paris lors de l'audience solennelle de rentrée du 16 janvier 2017 (en ligne).

143 B.E. Harcourt et J. Kreeger, « Une généalogie de la rationalité actuarielle aux États-Unis aux XIXe et XXe siècles », *Rev. sc. crim.*, 2010, p. 31.

144 R. Gori, « Vivre sans esprit », *in Vivre sans, Que reste-t-il de notre monde* ? (sous la dir. de P. Larrieu), Toulouse, Érès, 2020, p. 41.

structurés par un programme informatique qui préconise des solutions.

Ainsi, de nouvelles plateformes proposent aujourd'hui, par le truchement de la *blockchain*, des jugements complètement dématérialisés[145]. Dans ce cadre, des jurés sont choisis à travers le monde par la plateforme. Ces jurés ont le choix entre deux ou trois solutions. Une fois la décision rendue, tous ceux qui ont contribué à la solution majoritaire perçoivent une indemnité et ceux qui sont minoritaires sont pénalisés par un retrait de « jetons de réputation ».

D'ores et déjà, l'appât du gain est une incitation à rechercher une opinion dominante, ce qui signifie que les jurés doivent anticiper ce que décidera la majorité, sous peine de perdre de leur crédit. On peut dès lors redouter une tendance au consensualisme. Au demeurant, on peut aussi s'interroger sur le respect des exigences d'impartialité et de désintéressement, qui doivent présider à la fonction de juge. Dans le cas des plateformes de jugement, les jurés sont précisément des tiers intéressés. Tout repose ici sur le postulat d'après lequel les intérêts privés conduisent au bien public…

En outre, ce qui est notable dans cette nouvelle forme de « justice » c'est qu'il n'y a plus ni délibération, ni confrontation entre les différents points de vue de chacun, mais une simple juxtaposition d'opinions individuelles séparées. Le principe du contradictoire est totalement neutralisé par ce type de procédure au profit d'un consensus, qui n'est que la somme d'opinions parallèles qui ne se rencontrent et ne se heurtent jamais. Alors que le propre de l'audience, et plus largement de la démocratie, est de tout soumettre à la discussion, les plateformes de jugement proposent une solution indiscutable, c'est-à-dire indiscutée.

Comme l'écrivent Antoine Garapon et Jean Lassègue, « tout se passe comme si la *blockchain* permettait d'accomplir une sorte de coexistence individualiste. Il n'y a plus de société, mais

---

[145] A. Garapon et J. Lassègue, *Justice digitale*, Paris, PUF, 2018, p. 204.

uniquement des individus et s'il survient une difficulté dans leurs interactions, la technologie permet de la surmonter sans avoir à les réunir, ni à mobiliser les symboles, en bref : sans avoir à faire de politique »[146]. Car ce qui se dissimule derrière cette nouvelle forme de « justice » n'est autre que la disparition du politique, qui abandonne progressivement les fonctions régaliennes aux agents privés. L'État se trouve désormais « secondé » par les grands acteurs industriels des hautes technologies, qui prétendent assumer les fonctions régaliennes à sa place, mieux que lui et à moindre coût[147], ce qui rejoint les aspirations de la société civile.

Selon le philosophe Bernard Stiegler, les technologies de l'intelligence artificielle impactent les systèmes sociaux, politiques et juridiques. « Elles visent tout bonnement à la suppression de l'État de droit en instaurant le règne des faits »[148]. En cela, la « justice prédictive » répond à un vieux fantasme : celui d'un droit sans l'État, un droit tellement positif qu'il se confond avec la machine et avec la technique, un droit qui s'applique tout seul et n'a besoin d'aucune administration ni d'aucun tiers de justice, un droit totalement hors sol… un droit qui coïncide avec la science.

Cependant, cette justice serait-elle encore humaine ? demande Antoine Garapon[149]. Est-il souhaitable de voir les machines et systèmes experts se substituer au juge ? Et à terme, la révolution numérique judiciaire nous conduira-t-elle vers une justice dystopique avec ces juges automates qui avaient été évoqués par Beccaria ?

De cette manière, on croit pouvoir rendre la justice objective, exacte et scientifique, mais cette justice ne contient

---

[146] *Ibid.*, p. 206-207.

[147] J.-G. Ganascia, *Le mythe de la singularité, Faut-il craindre l'intelligence artificielle* ?, Paris, Seuil, 2017, p. 117.

[148] B. Stiegler, *Dans la disruption, Comment ne pas devenir fou* ?, Paris, Les Liens qui libèrent, 2016, p. 150.

[149] A. Garapon, « Les enjeux de la justice prédictive », *JCP, éd. G*, 2017, n° 1-2, p. 31.

plus les jugements qui permettent de condamner la réalité établie. La technicisation de la vie sociale qui se répand partout nous éloigne du monde du conflit propre à la justice, de la logique de contradiction[150]. Car cette logique formelle, mathématique, managériale est une forme de pensée d'où le négatif a été retranché.

Dernier point et non des moindres : dans le cadre des plateformes de jugement, tout le processus se déroule sans aucun échange de paroles. Ceci manifeste une dévalorisation du langage[151]. On constate la même tendance dans le droit pénal de la preuve, avec l'apparition des méthodes scientifiques visant à puiser directement dans le cerveau les traces de la délinquance.

---

[150] M. Villey, *La nature et la loi*, *op. cit.*, p. 258 : « Quand on a le souci de la justice, on se refuse à sacrifier au positivisme juridique … Un juste partage doit s'opérer en tenant compte des points de vue des parties adverses. Sans doute d'abord de la commune dignité de chacune d'entre elles, mais sans omettre les *différences* de leurs situations respectives ».
[151] R. Gori, *La preuve par la parole*, *op. cit.*

Chapitre 5.
La neurojustice ou le Saint Graal de la vérité

> « *Ce n'est pas en pleine lumière, c'est au bord de l'ombre que le rayon, en se diffractant, nous confie ses secrets* ».
>
> G. Bachelard[152]

En l'espace de quelques décennies, on a vu se multiplier les études destinées à expliquer le fonctionnement du cerveau à travers le développement de l'imagerie cérébrale. Les découvertes, les pratiques et les connaissances scientifiques sont sorties des laboratoires pour envahir tous les champs de la vie quotidienne et toutes les disciplines : neurosciences de l'éducation, neuroéconomie, neuromarketing, neurophilosophie, etc., sont autant d'illustrations d'un phénomène de « pan-cérébralisme »[153].

Les techniques d'exploration et de visualisation du cerveau ont surtout eu pour effet de le banaliser, au point que, chez un grand nombre de nos contemporains, il apparaît de plus en plus

---

[152] G. Bachelard, *La formation de l'esprit scientifique* (1938), Paris, Vrin, 1993, p. 287.

[153] E. Fournier, « Notre nouvel alibi, le cerveau », *in Neurosciences et société, Enjeux des savoirs et pratiques sur le cerveau* (sous la dir. de B. Chamak et B. Moutaud), Paris, A. Colin, 2014, p. 289.

comme un organe comme un autre[154]. Pourtant, il est le support d'informations propres à chacun, il est le siège de la conscience, de l'identité personnelle. La connaissance de l'information cérébrale touche à l'intimité, au for intérieur. On assiste là à une sorte de désacralisation[155] : le cerveau, jadis conçu comme une forteresse inaccessible, relevant d'un domaine « sacré », est devenu disponible. Un cerveau visible, disponible « perd son statut de centre et de sommet d'une hiérarchie, ce qui contredit la toute-puissance de la tête ou du chef. Il correspond à un certain état du monde, réticulaire, dans lequel le nouvel « homme neuronal » vit désormais »[156].

Le domaine juridique, lui-même, n'est pas épargné par ce phénomène de « pan-cérébralisme »[157]. Depuis plusieurs années, les tribunaux de différents pays s'appuient sur des données neuroscientifiques pour disculper ou pour confondre des prévenus de crimes graves. On parle de « neurodroit » ou de « neurojustice » afin de désigner cette apparition des neurosciences dans les prétoires.

En France, alors que différents organismes consultatifs avaient préconisé d'attendre[158], la loi du 7 juillet 2011 a expressément autorisé l'emploi des techniques d'imagerie

---

[154] J.-M. Besnier, Audition publique du 30 novembre 2011, Rapport OPECST, 13 mars 2012, « L'impact et les enjeux des nouvelles technologies d'exploration et de thérapie du cerveau ».

[155] E. Hirsch, « Imagerie cérébrale : enjeux épistémologiques, éthiques et politiques », *Cahiers de l'Espace éthique d'Île de France*, Toulouse, Érès, sept. 2018.

[156] C. Malabou, *Que faire de notre cerveau* ?, Montrouge, Bayard, 2011, p. 7 s.

[157] P. Larrieu, *Neurosciences et droit pénal, Le cerveau dans le prétoire*, Paris, L'Harmattan, 2015.

[158] Cf. notamment Centre d'analyse stratégique, Séminaire du 10 déc. 2009, *Perspectives scientifiques et légales sur l'utilisation des sciences du cerveau dans le cadre des procédures judiciaires* (en ligne).

cérébrale dans le cadre des expertises judiciaires[159]. Néanmoins, à l'occasion de la réforme de la loi bioéthique, en juin 2021, l'Assemblée nationale est revenue en partie sur cette admission. Les techniques disponibles dans le champ de la justice sont dorénavant limitées à la seule imagerie anatomique, à l'exclusion de l'imagerie fonctionnelle qui est jugée moins fiable[160].

Cet engouement pour les neurosciences trouve en quelque sorte son origine dans la phrénologie, inventée au XIXe siècle par Franz-Joseph Gall, qui espérait découvrir le caractère d'un être humain d'après l'étude des bosses de son crâne[161], conception qui a ensuite été appliquée au crime par Cesare Lombroso, demeuré célèbre pour sa théorie du criminel-né[162]. L'École positiviste italienne, qu'il fonda avec Garofalo et Ferri, nourrissait l'ambition de créer un savoir scientifique explicatif autour de la question criminelle, susceptible d'éradiquer la

---

[159] Loi n° 2011-814 du 7 juillet 2011, Art. 16-14 C. civil : « Les techniques d'imagerie cérébrale ne peuvent être employées qu'à des fins médicales ou de recherche scientifique, ou dans le cadre d'expertises judiciaires ».

[160] Les techniques d'imagerie cérébrale peuvent être classées en deux grandes catégories : l'imagerie anatomique d'une part (CT Scan, IRM anatomique), qui présente une coupe du cerveau à un certain moment ; l'imagerie fonctionnelle d'autre part, qui permet de voir le fonctionnement du cerveau en activité : on trouve pèle mêle la tomographie par émission de positons (TEP), l'imagerie par résonance magnétique fonctionnelle (IRM f) ou encore la magnéto-encéphalographie (MEG).

[161] M. Renneville, *Crime et folie, Deux siècles d'enquêtes médicales et judiciaires*, Paris, Fayard, 2003.

[162] M. Renneville, « Le criminel-né : imposture ou réalité ? », *Criminocorpus*, CNRS, 2005 ; J.-F. Braunstein, « Une vision médicale du monde, Le "cas" Lombroso», *Archives de philosophie,* 2010, n° 73, p. 631.

délinquance[163]. Les méthodes prophylactiques et médicales devaient être développées par le législateur, assimilé à un médecin chargé de maintenir la santé de l'organisme social.

Toutefois, ces approches biomédicales ont ensuite été remises en question, en raison de leur interprétation réductrice de la criminalité et de leur insistance à débusquer les facteurs biologiques qui mènent au crime. Les causes tenant à l'environnement et à l'éducation ont depuis longtemps trouvé place au sein des différents facteurs de criminalité.

Force est pourtant de constater que l'approche biomédicale du crime prospère à nouveau dans un contexte où la lutte contre l'insécurité devient l'objectif majeur des politiques criminelles. En particulier, le recours aux neurosciences permettrait de faire parler le cerveau (au même titre que l'utilisation de l'ADN permet de faire parler la scène du crime). Les données des sciences du cerveau pourraient ainsi contribuer à détecter le mensonge, à vérifier la crédibilité des victimes et/ou des témoins, à mesurer le discernement de l'auteur d'une infraction, à en évaluer la dangerosité ou encore à mettre en évidence les biais cognitifs des membres d'un jury ou d'un tribunal[164]. Sans oublier les traitements neuropharmacologiques voire neurochirurgicaux, qui peuvent accompagner ou remplacer la peine, et participer à la lutte contre la récidive.

Cependant, derrière la neurojustice, pourrait bien se dissimuler un nouvel avatar de l'idéologie du réductionnisme biologique en quête d'une vérité cérébrale scientifique et

[163] Y. Cartuyvels, « La criminologie et ses objets paradoxaux : retour sur un débat plus actuel que jamais ? », *Déviance et société*, 2007/4, n° 31, p. 445.

[164] P. Larrieu, « La réception des neurosciences par le droit », *AJ pénal*, mai 2011, p. 231 ; « Regards éthiques sur les applications juridiques des neurosciences, Entre blouses blanches et robes noires », *Revue interdisciplinaire d'études juridiques,* 2012, n° 68, p. 145.

incontestable[165]. L'être humain se trouve en effet réduit à son cerveau, toute dimension relationnelle étant considérée comme un épiphénomène. Ce type de réductionnisme cérébral vient s'ajouter à un réductionnisme informationnel, qui transforme tout en flux d'informations, et à un réductionnisme mathématique, qui convertit toutes choses en données chiffrées.

Or, avec l'accès à la « boîte noire du cerveau », c'est le plus intime de l'homme, son for intérieur et son identité qui sont en jeu. Les sciences du cerveau ouvrent des possibilités sans précédent d'accès, de collecte, de partage et de manipulation de l'information cérébrale. Si elles sont mal utilisées ou mal mises en œuvre, elles risquent de créer des formes d'intrusion inégalées dans l'intimité, pouvant entraîner des dommages physiques ou psychologiques et permettre une influence indue sur le comportement des personnes[166]. Qu'il s'agisse de visualiser les mécanismes cérébraux par le biais de l'imagerie, ou d'intervenir sur les comportements à l'aide de molécules, afin de corriger ou de redresser les individus déviants, les applications des neurosciences en matière criminelle sont porteuses de risques pour les libertés individuelles.

Dans ses écrits, Michel Foucault a montré qu'il existe une solidarité secrète entre le contrôle des corps et la politique, solidarité qui fonde la biopolitique et le biopouvoir[167]. Et il est vrai que toutes les méthodes scientifiques visant à rechercher sur le corps les traces de la délinquance, ce qui est une certaine manière de faire « avouer » un sujet en faisant « parler » son corps, sont des « dispositifs de pouvoir ». Dès lors qu'elle est mise au service de l'ordre public, l'information cérébrale

---

[165] C. Vidal, « Quand les neurosciences viennent au secours de la justice », *UP Magazine*, 25 mars 2018.
[166] M. Lenca et R. Andorno, « Towards new human rights in the age of neuroscience and neurotechnology », *Life Sciences, Society and Policy*, 2017, 13, 5.
[167] M. Foucault, *Naissance de la biopolitique*, *op. cit.*

devient un *objet de pouvoir* et non plus seulement un *objet de savoir*. C'est dire qu'au-delà des enjeux éthiques, ce sont des enjeux politiques qui sont sous-jacents au développement de la neurojustice.

Dans le contexte actuel qui défend une logique sociétale de course à la certitude et de demande sécuritaire, une grande vigilance s'impose. Il ne faudrait pas que les neurosciences deviennent le cheval de Troie des nouvelles politiques sécuritaires de défense sociale. Car lorsque la science et/ou la médecine sont instrumentalisées à des fins sécuritaires, lorsque la délinquance et le trouble mental sont amalgamés, le spectre de la déshumanisation refait surface.

Au demeurant, le recours aux neurosciences, et notamment à l'imagerie cérébrale, dans le domaine judiciaire, s'avère d'une utilité assez limitée pour la compréhension de comportements humains aussi complexes que ceux que doivent juger les tribunaux : mensonge, culpabilité, intentionnalité, dangerosité[168].

Concernant en premier lieu la détection du mensonge (ou l'évaluation de la crédibilité), tout repose sur un postulat assez fragile : on considère que mentir demande plus d'efforts que dire la vérité, ce qui provoque l'activation de davantage de zones du cerveau et se manifeste à l'imagerie[169]. Cependant, ce que montre une augmentation de l'activité cérébrale est peut-être simplement le stress ou l'émotion de la personne interrogée. Il existe en effet un certain nombre de faux positifs. L'affaire qui, sur ce point, a défrayé la chronique remonte à 2008. Une jeune femme de vingt-quatre ans a été condamnée à

---

[168] A. Aubert et E. Coudret, « Prédictibilité du comportement : neurosciences et neuro-mythes », *AJ Pénal,* 2012, p. 80 ; A. Khalife et B. Renard, « Le neurodroit : la déconstruction d'un discours des promesses », *Cahiers Droit, Sciences et Technologies,* 2021, n° 13, p. 61.

[169] L. Pignatel, *L'émergence d'un neurodroit*, Paris, Dalloz, 2021.

perpétuité en Inde pour l'empoisonnement de son ex-fiancé parce qu'un examen d'électroencéphalographie montrait que son cerveau traitait le mot « arsenic » comme un terme familier[170]. Mais trois mois plus tard, l'Institut indien des neurosciences déclarait que ce genre de test ne devrait pas être utilisé dans les affaires judiciaires et la jeune femme fut finalement libérée sous caution. C'est d'ailleurs en raison de ce manque de fiabilité que la loi de réforme de la bioéthique vient d'interdire en France le recours à l'imagerie fonctionnelle dans le cadre d'une expertise judiciaire.

Cela dit, la détection du mensonge, qui est l'une des préoccupations majeures de nos sociétés occidentales, se développe librement à l'étranger et même en dehors du procès pénal[171]. Aux États-Unis par exemple, des sociétés commerciales proposent leurs services afin de détecter le mensonge, via l'imagerie fonctionnelle, dans le cadre de litiges avec des assurances, d'entretiens d'embauche, de recherches de personnes disparues, et ce en toute légalité[172].

Concernant en second lieu l'expertise de responsabilité, là résident les principales attentes autour de l'imagerie cérébrale (essentiellement anatomique). Suite aux critiques dont fait l'objet l'expertise clinique classique, il a été avancé que le recours à la neuroimagerie permettrait d'objectiver un préjudice au niveau du cerveau, en vue d'éclairer les experts psychiatres chargés de déterminer si l'auteur d'une infraction peut être ou non déclaré responsable de ses actes. Parmi les critiques, on déplore notamment le faible nombre d'irresponsabilités pénales retenues en raison d'un trouble mental ayant aboli le discernement, conduisant à une accumulation de malades

---

[170] *International Herald Tribune*, sept. 8, 2008.

[171] Centre d'analyse stratégique, *Impact des neurosciences : quels enjeux éthiques pour quelles régulations ?*, Note de veille, mars 2009 (en ligne).

[172] L. Dartigues, « Une irrésistible ascension ? Le neurodroit face à ses critiques », *Zilsel,* 2018/1, n° 3, p. 63.

mentaux dans les établissements pénitentiaires. Les choses seraient-elles différentes si l'on pouvait mettre en évidence, clichés à l'appui, une « maladie du cerveau » et non pas seulement une « maladie mentale » ?

Sur ce point, on a assisté en quelques années à l'émergence d'une jurisprudence internationale[173]. Aux États-Unis, en 1992, dans l'affaire Weinstein, un retraité ayant étranglé son épouse a produit des clichés cérébraux faisant apparaître un kyste et a bénéficié d'une peine allégée (dans le cadre d'un *plea bargain*). De même aux Pays-Bas, en 2007, un homme qui avait tué sa femme suite à une dispute très violente en présence de leurs enfants a été reconnu coupable de meurtre sans préméditation : plusieurs expertises avaient diagnostiqué une dépression sévère et une altération du lobe frontal. Autre exemple, en Italie, en 2011, une condamnation pour meurtre a été réduite sur la base de scanners d'imagerie cérébrale couplés à des tests génétiques.

Nonobstant, sauf cas particulier, on peut légitimement douter de la possibilité d'attester un trouble psychique ou neuropsychique de manière objective. Si l'imagerie peut effectivement fournir des informations intéressantes dans des cas pathologiques bien spécifiques (« patients frontaux », « maladies franches »), dans les cas majoritaires où l'entendement demeure largement préservé, où la maladie mentale n'est pas permanente, mais opère par éclipses, où le passage à l'acte paraît inexplicable, les neurosciences sont peu propices à apporter un éclairage. Les processus qui conduisent au crime sont tellement complexes qu'il est impossible de les retracer de façon univoque. L'expert ne peut en aucun cas rendre le sujet transparent ; il peut tout au plus apporter un

[173] L. Pignatel, « L'émergence du neurodroit dans le monde », *in Le cerveau est-il coupable* ?, Savigny-sur-Orge, P. Duval, 2016, p. 57.

éclairage sur la complexité, sur l'équivoque du sujet par rapport à son acte[174].

De manière plus générale, l'idée que l'imagerie cérébrale puisse permettre d'accéder à la pensée est loin de faire consensus[175]. Le Comité consultatif national d'éthique a mis en garde à plusieurs reprises sur les risques de surinterprétation et de détournement des méthodes d'imagerie lorsqu'elles sont utilisées en dehors du champ médical[176]. Nous avons trop tendance à oublier le statut paradoxal de l'image, qui n'est qu'un reflet obtenu à partir de données numérisées, pour lui vouer un culte en tant que présentation de la réalité. La carte n'est pourtant pas le territoire.

Cette inférence avait été dénoncée par le psychiatre Édouard Zarifian : « La recherche en imagerie est scientifique, mais ses interprétations sont scientistes... Voir le cerveau penser n'est qu'une métaphore poétique. On ne « voit » d'ailleurs que des listes de chiffres, qui sortent des machines et que l'on transpose avec des codes de couleur pour représenter la silhouette d'un cerveau. Seule la parole du sujet qui s'exprime permet d'avoir accès au contenu de sa pensée »[177].

Précisément, avec le recours à ces techniques, on assiste à une dévalorisation de la parole au profit d'une montée en puissance de l'information corporelle, plus particulièrement cérébrale[178]. Ceci atteste d'un changement dans le statut

---

[174] A. Masson, « L'expertise psychiatrique pénale et le problème de la responsabilité », *in Psychanalyse et criminologie aujourd'hui*, Presses universitaires de Rennes, 2016, p. 325.

[175] P. Larrieu, « La neurojustice, des réalités aux fantasmes », *Revue Psycho-Droit*, 2020, n° 5, p. 63.

[176] CCNE, avis n° 116, *Enjeux éthiques de la neuroimagerie fonctionnelle*, 23 fév. 2012, p. 8 ; *adde* avis n° 129, *Contribution à la révision de la loi de bioéthique*, 2018.

[177] *Le Monde*, avril 2004.

[178] R. Gori, *La dignité de penser*, *op. cit.*

conceptuel de la preuve. On considère implicitement que le cerveau parle à l'insu du sujet, et pourrait même révéler ce que celui-ci ne sait pas encore de lui-même. L'aveu par le cerveau serait-il plus fiable que l'aveu par la bouche ? Dans une telle optique, c'est davantage l'information codée, c'est-à-dire une pure forme, un signe, qui prime sur la parole.

Une telle croyance s'inscrit dans la nouvelle métaphysique du « tout informationnel »[179]. En réduisant le cerveau à des flux d'informations, on assimile l'individu à un ensemble de données modélisables, ce qui a pour effet de dissoudre son unité en un agglomérat de modules. Paradoxalement, le cerveau humain est ainsi l'objet d'une véritable « décorporation » alors même que le dualisme cartésien a été remis en cause[180]. Le « *mind body problem* » est tout bonnement neutralisé par ce type de réductionnisme.

En outre, ces nouvelles technologies de la preuve présentent l'inconvénient de laisser le sujet en marge de sa propre histoire, alors qu'il conviendrait au contraire de lui permettre de se réapproprier celle-ci. Lorsque c'est le cerveau qui « parle », qu'en est-il de la subjectivité de l'intéressé ? Par où cette subjectivité trouve-t-elle à s'exprimer ? N'assistons-nous pas ainsi à la disqualification d'une certaine forme de subjectivité, d'un certain type de rapport à soi, par une détermination nouvelle du sujet qui fait de lui un *objet* de la connaissance ou de la science ?

Cette forme de réductionnisme atteint son paroxysme avec les tentatives d'évaluation de la dangerosité dans l'espoir de prédire des infractions futures. Beaucoup de recherches visent, par exemple, à dépister les attirances déviantes ou les tendances psychopathiques de certaines personnes, avant tout passage à l'acte, en interprétant des comportements somme toute assez

---

[179] M. Benasayag et B. Cany, *Les nouvelles figures de l'agir, Penser et s'engager depuis le vivant*, Paris, La Découverte, 2021, p. 20.
[180] A.R. Damasio, *L'erreur de Descartes,* Paris, Odile Jacob, 1995.

anodins. De la sorte, on croit pouvoir déterminer la dangerosité potentielle d'un sujet à partir de micro-données ou de micro-comportements qui n'ont qu'un lointain rapport avec un hypothétique passage à l'acte, ce qui est, à tout le moins, extrêmement réducteur[181]. En ce qui concerne en particulier les neurosciences, des études tentent de déduire la dangerosité des individus à partir de leur fonctionnement cérébral (anatomique et/ou chimique)[182].

Cette volonté de débusquer les traces cérébrales de la délinquance avant le passage à l'acte pose toutefois de sérieux problèmes d'ordre épistémologique, sans compter qu'elle s'inscrit dans une perspective déterministe. D'ores et déjà, comment peut-on passer d'une étude concernant un groupe à une prédiction concernant un individu ? Il est déjà osé de considérer qu'une particularité neurobiologique quelconque prédispose à la criminalité. Et il est surtout très dangereux de procéder à une telle généralisation par extrapolation, qui fait fi de l'irréductible singularité de chaque être humain.

Par ailleurs, cette vision d'un déterminisme biologique des comportements est en totale contradiction avec les avancées de la science, qui montrent la plasticité du cerveau et sa capacité d'évolution ou d'adaptation tout au long de la vie[183]. Les processus mentaux propres à l'individu, ses croyances et ses opinions, sa réactivité aux événements, sa subjectivité, ainsi que les expériences de son vécu, sont autant de réalités historiques constitutives du sujet et de sa biologie. En raison de la plasticité cérébrale, tous ces processus et événements vont laisser des traces dans le système nerveux, et pourront jouer un rôle dans

[181] M. Benasayag, *La tyrannie des algorithmes*, *op. cit.*, p. 72-73.
[182] P. Larrieu, « Neurosciences et évaluation de la dangerosité, Entre néo-déterminisme et libre-arbitre », *Revue interdisciplinaire d'études juridiques*, 2014, n° 1, p. 1.
[183] C. Malabou (sous la dir. de), *Plasticité*, Paris, Éditions Léo Scheer, 2000.

la survenance de désordres ultérieurs, sans que rien ne permette de l'affirmer avec certitude.

Les neuroscientifiques ne raisonnent d'ailleurs pas en termes de causalité entre une prédisposition neurobiologique et un passage à l'acte, mais en termes de corrélation, au sens d'une coprésence de deux phénomènes, tels que, par exemple, une lésion du lobe frontal et un comportement asocial, ou encore une intense activité de l'amygdale et des sentiments de colère ou de peur. Toute prédiction de la dangerosité ne peut donc être que probabiliste[184].

Demander au neuroscientifique d'évaluer la dangerosité de tel ou tel individu conduit à un dangereux mélange des genres entre la science et la justice. La justice exige un niveau de garanties procédurales pour protéger les droits fondamentaux de la personne, qui est difficilement compatible avec la vision essentiellement prophylactique du traitement de la délinquance. En particulier, s'en tenir au plan purement biologique pour spécifier une dangerosité hypothétique, et prédire une infraction potentielle, est contraire à la présomption d'innocence.

En tout état de cause, à supposer que l'on puisse identifier les marqueurs neurobiologiques de la dangerosité, que ferons-nous des individus dépistés ? Quelle stratégie préventive et thérapeutique adopterons-nous ? En marge des traitements neuropharmacologiques déjà prescrits, la tentation pourrait naître de détruire ces générateurs biologiques grâce à la psychochirurgie. Il est, par exemple, envisageable de procéder à des destructions localisées de l'amygdale chez des sujets présentant des comportements violents[185]. Des interventions sur l'hypothalamus sont également concevables dans des cas de

---

184 F. Ramus, « Quel pouvoir prédictif de la génétique et des neurosciences, et quels problèmes ? », *Médecine et Droit*, 2010.10.010.
185 H. Chneiwess, *Neurosciences et neuroéthique, Des cerveaux libres et heureux*, Paris, Alvik, 2006, p. 126.

prédation sexuelle. De telles propositions d'intervention chirurgicale, qui font resurgir le spectre de la lobotomie, ont de quoi faire frémir…

Une telle approche purement médicale du crime rejoint au fond les idéologies transhumanistes, qui visent, entre autres, l'amélioration morale des individus[186]. On peut lire par exemple sous la plume de Didier Cœurnelle et Marc Roux que les progrès technologiques pourraient contribuer à « réduire la violence et augmenter la sécurité, par la prédictivité des comportements à risque, déviants ou menaçants, et ils pourraient même permettre de réduire l'agressivité et d'augmenter la bienveillance »[187]. Cette forme de « transhumanisme criminologique »[188] est sous-tendue par la vision utopique d'une société pacifiée par voie chimique et/ou technologique, qui peut s'avérer dangereuse et contre-productive. Vouloir expurger toutes les anomalies, les déviances, dans une finalité prophylactique, revient à vouloir « blanchir » la société au risque de la rendre plus vulnérable.

---

[186] P. Pédrot et P. Larrieu (sous la dir. de), « Transhumanisme, Approche pluridisciplinaire d'une nouvelle utopie », *Journal international de bioéthique* 2018, n° 3 – 4 ; Paris, MA Éditions, Eska, 2018.

[187] D. Cœurnelle et M. Roux, *Technoprog, Le transhumanisme au service du progrès social*, Limoges, Éditions FYP, 2016, p. 179 s.

[188] J. Larrègue, « La nouvelle orange mécanique : la contribution des bio-criminologues à la médicalisation du contrôle social », *Zilsel*, 2019/1, n° 5, p. 56.

Chapitre 6.
Le visible, l'invisible et le vrai

> « *Nous ne croyons pas que la vérité reste encore la vérité quand on lui enlève ses voiles* ».
>
> F. Nietzsche[189]

L'admission de l'expertise neuroscientifique dans le cadre judiciaire illustre bien les attentes sociales et politiques croissantes qui sont placées dans la recherche sur le cerveau. Grâce à l'imagerie qui permet de franchir la barrière de la peau, et qui ne laisse rien dans l'ombre, on suppose que ce qui est mis en lumière est porteur de vérité. Cependant, outre leur caractère plus ou moins intrusif, ces nouvelles technologies de la preuve rencontrent une limite majeure : c'est que le visible n'est pas nécessairement le vrai.

Une telle croyance implique une réflexion autour de la question de la vérité en droit et plus largement dans le domaine des sciences. Dans le champ juridique, toute l'évolution du droit de la preuve exprime un processus d'objectivation, de rationalisation, qui a entraîné un passage des preuves archaïques et irrationnelles aux preuves rationnelles et scientifiques[190]. Celles-ci se voient parées des vertus d'objectivité et d'infaillibilité que l'on attribue, à tort ou à

---

[189] F. Nietzsche, *Le gai savoir* (1882), Paris, Gallimard, 1982, p. 15.

[190] H. Lévy-Bruhl, *La preuve judiciaire – Étude de sociologie juridique*, Paris, Librairie M. Rivière et Cie, 1964.

raison, à la science. Il va de soi que cette évolution trouve sa justification dans la volonté de limiter l'arbitraire des décisions de justice, en ayant recours à des éléments plus objectifs. Toutefois, on a peut-être trop tendance à considérer la preuve scientifique comme une preuve parfaite. Cette force de conviction qu'exerce le paradigme scientifique dans le domaine juridique, et dans bien d'autres domaines, a quelque chose d'assez surprenant, comme si l'activité scientifique était, de toutes les activités humaines, la seule qui soit sérieuse[191]. Pourtant, on le sait, les sciences dures, au même titre que le droit, sont des constructions[192].

À l'origine, le moyen d'identifier le coupable ne reposait pas sur un verdict rendu par des juges s'appuyant sur des éléments écrits, oraux ou encore scientifiques au sens moderne du terme, mais sur un jugement de Dieu : l'ordalie, ou « jugement de Dieu », était une forme de procès à caractère religieux qui consistait à soumettre un suspect à une épreuve, douloureuse voire potentiellement mortelle, dont l'issue, théoriquement déterminée par une divinité ou Dieu lui-même, permettait de conclure à la culpabilité ou à l'innocence dudit suspect.

À partir du XIIIe siècle, sous l'influence de l'Inquisition, l'ordre juridique adopta le système des preuves tarifées[193], ou système des preuves légales. Dans un tel système, l'aveu devint la preuve parfaite, l'équivalent de la *certitudo infaillibilis*, qu'il convenait d'obtenir à tout prix, fut-ce en ayant recours à la torture. Jusqu'à la fin du XVIIIe siècle, la décision pénale reposait essentiellement sur la « preuve orale ». Les

---

[191] P. Amselek, « La part de la science dans les activités des juristes », *D.* 1997, p. 337.
[192] C. Puigelier et J. Sainte-Rose, « Juge et progrès scientifique », *in Science, éthique et droit*, Paris, Odile Jacob, 2007, p. 279.
[193] M. Foucault, *Mal faire, dire vrai* (1981), PU Louvain, 2012, p. 205 s.

témoignages, et surtout les aveux, représentaient pour le législateur et les magistrats de l'époque la « preuve royale ».

Par la suite, le système des preuves légales fut abandonné au profit de celui de l'intime conviction, dans lequel le choix et la force des preuves sont laissés à la libre appréciation des juges[194]. De là, il résulte que l'aveu (et plus largement la preuve orale) se trouve mis en perspective avec d'autres éléments. Dans notre système pénal, l'aveu n'est plus qu'un élément de preuve parmi d'autres. Le Code de procédure pénale est très clair sur ce point puisque le seul article qui lui est consacré dispose : « L'aveu, comme tout mode de preuve, est laissé à la libre appréciation des juges »[195]. Cette disposition laconique montre que l'aveu a la même valeur que n'importe quelle autre preuve, et que le juge peut tout à fait décider d'écarter une reconnaissance de culpabilité parce qu'il n'est pas convaincu.

Plus largement, le juge peut écarter un fait matériellement établi, au nom des impératifs supérieurs de bonne justice : droit à l'oubli, paix sociale, droits fondamentaux... Et à l'inverse, même si un fait n'est pas d'une certitude absolue, le principe de l'intime conviction permet au juge de le tenir pour vrai. Le juge a, en tout état de cause, le devoir de trancher le litige (interdiction du déni de justice), et ne saurait surseoir à statuer jusqu'à ce qu'une certitude soit établie.

C'est dire que la vérité judiciaire est une vérité relative, qui n'entretient qu'un lien ténu avec la notion d'exactitude, laquelle serait plus proche de la vérité scientifique. La première repose davantage sur la logique de l'argumentation, dont la force de conviction a pour objet de susciter l'adhésion d'un juge ou d'un

---

[194] Désormais, l'article 427 du Code de procédure pénale dispose : « Hors les cas où la loi en dispose autrement, les infractions peuvent être établies par tout mode de preuve et le juge décide d'après son intime conviction ».

[195] Art. 428 C. proc. pén.

jury, que sur une véritable démonstration contraignante et impersonnelle, propre à la logique scientifique[196]. Elle fait place à la subjectivité, contrairement à la vérité scientifique, fondée sur des questions idéales et répétibles, qui ne souffrent pas des vicissitudes et des incertitudes du comportement humain[197].

En effet, vérité judiciaire et vérité scientifique (ou matérielle) sont deux choses distinctes. À la différence de la vérité scientifique, qui concerne des jugements de réalité, la vérité judiciaire concerne des jugements normatifs[198]. En tant que telle, elle s'établit souvent au moyen de fictions, éventuellement en contradiction avec la vérité matérielle, et aboutit à des décisions qui ne coïncident pas toujours avec la réalité ; elle est donc faillible[199]. Comme le Doyen Carbonnier l'a souligné, la chose jugée n'est pas la vérité vraie : « elle est reçue par le bon peuple pour tenir lieu de vérité »[200]. Pourtant, en vertu d'une présomption irréfragable, elle va tenir lieu de vérité[201]. Mais si la chose jugée ne doit pas être prise pour la vérité, « c'est qu'elle a bien mieux à faire : elle doit produire le juste »[202].

Cela étant, à la suite des progrès réalisés dans le domaine des sciences et techniques, d'autres modes de preuve ont été mis à

---

[196] G. Dalbignat-Deharo, *Vérité scientifique et vérité judiciaire en droit privé*, Paris, LGDJ, 2004.

[197] M. Villey, *Réflexions sur la philosophie et le droit*, Paris, PUF, 1995, p. 47 s. ; T. Pech, « L'épreuve du jugement », *Esprit*, mars-avr. 2000, n° 263, p. 63.

[198] M. Van de Kerchove, « Vérité judiciaire et para-judiciaire en matière pénale : quelle vérité ? », *Droit et société,* 2013, n° 84, p. 41.

[199] G. Cornu, « La vérité et le droit », *in L'art du droit en quête de sagesse*, Paris, PUF, 1998, p. 211.

[200] J. Carbonnier, *Droit civil, Introduction*, Paris, PUF, 1999, p. 78.

[201] « *Res iudicata pro veritate habetur* » : « la chose jugée est tenue pour vraie ».

[202] B. Latour, *La fabrique du droit : une ethnographie du Conseil d'État*, Paris, La Découverte, 2002.

la disposition de la justice[203]. Dès la fin du XIXe siècle, la preuve scientifique, ou plus exactement la « preuve indiciaire », commence à s'affirmer. Les « indices », tantôt considérés comme un moyen pour « atteindre la preuve », tantôt comme un mode de preuve à part entière, s'imposent progressivement. Parmi ces indices, certains sont recueillis sur la scène du crime et comparés avec des échantillons directement prélevés sur le corps du suspect[204].

Au XXe siècle, quelque cent ans après la découverte du pouvoir discriminant des empreintes digitales, les avancées de la génétique mettent à la disposition de la justice un nouvel outil qui repose sur la structure de la molécule d'ADN. L'utilisation de l'ADN en matière pénale offre des perspectives étendues[205]. Car l'échantillon d'ADN trouvé sur le lieu de l'infraction ou le corps de la victime peut directement être comparé avec celui du suspect. Deux échantillons identiques font preuve, avec une certitude presque absolue[206], que le matériel cellulaire provient de la même personne.

Mais on est toujours dans un paradigme indiciaire[207], c'est-à-dire que la recherche de la vérité se fait de manière indirecte

---

[203] G. Giudicelli-Delage (sous la dir. de), « Les transformations de l'administration de la preuve pénale, Perspectives comparées », *Arch. pol. crim.*, 2004/1, n° 26, p. 139.

[204] C. Ambroise-Castérot, « Les prélèvements corporels et la preuve pénale », *Mélanges Julien*, Paris, Edilaix, 2003, p. 9.

[205] G.A. Van Eikema Hommes et P. Tak, « Le test ADN et la procédure pénale en Europe », *Rev. sc. crim.,* 1993, p. 673 ; P. Reviron, « L'ADN : la preuve parfaite ? », *AJ Pénal,* 2012, p. 590.

[206] N. Le Douarin, « Science et justice : des empreintes digitales aux empreintes génétiques, À la recherche de la preuve indiscutable », *in Science, éthique et droit* (sous la dir. de N. Le Douarin et C. Puigelier), Paris, Odile Jacob, 2007, p. 135 ; J.-C. Galloux, « Les empreintes génétiques : la preuve parfaite ? », *JCP,* 1991, I, 349 ; O. Pascal et A. Schlenk, « L'empreinte génétique : le spectre de la preuve absolue », *AJ Pénal,* 2004, p. 24.

[207] C. Ginzburg, *Mythes, emblèmes, traces ; morphologie et histoire*, Paris, Flammarion, 1989.

à partir de traces, d'empreintes, que l'on cherche à interpréter selon différentes méthodes. Le paradigme indiciaire, longtemps demeuré le modèle en sciences humaines, consiste à rechercher, à partir de traces, trouvées ou suscitées, au moyen de leur « lecture », la connaissance de leur « cause » : les symptômes d'une maladie, les indices d'un crime, le détail pictural, l'écriture manuscrite, les traces relevées par un chasseur. Dans tous les cas, ces traces sont des données naturelles et font l'objet d'une interprétation humaine. Ce qu'il importe de relever c'est que la trace est une ombre. *Skia*, le mot grec ancien qui désigne l'ombre, veut dire également « trace ».

Or, avec l'avènement de la preuve neuroscientifique[208], s'opère un changement de paradigme : le paradigme n'est plus celui de l'indice, de la trace ou de l'empreinte, il devient celui de l'image, plus particulièrement de l'image numérique. Et le propre de l'image numérique, construite de toutes pièces, c'est qu'à la différence de l'image analogique, le négatif lui-même a disparu, non seulement le négatif du film, mais aussi le point négatif qui est au cœur de l'image (sorte de tâche aveugle), le flou, le clair-obscur…

En ayant recours à l'imagerie, on change donc de paradigme pour une preuve obtenue par un traitement de l'information. Le but de l'imagerie cérébrale est en effet de pouvoir représenter, sous un format relativement simple, une grande quantité d'informations issues d'une multitude de mesures prises selon un mode bien défini.

Ce faisant, on espère pouvoir passer d'une activité cérébrale à un état mental, et « lire » la pensée directement dans le cerveau[209]. Toutefois, en passant du plan cérébral à celui de la pensée, on change de niveau et on ne compare plus les mêmes choses. Si les deux niveaux (mental et cérébral) sont

---

[208] P. Larrieu, « La réception des neurosciences par le droit », *op. cit.*

[209] S. Dehaene, « L'imagerie cérébrale peut-elle décoder le contenu de la pensée ? », Cours au Collège de France, 8 juin 2006 (en ligne).

interdépendants, ils sont cependant autonomes dans leur mode d'existence.

Au demeurant, on peut se demander si la pensée est vraiment localisée dans le cerveau. N'est-elle pas avant tout un rapport au monde ? En l'espace de trente ans, le cerveau a été exploré sous toutes ses facettes. Mais force est de reconnaître que les connaissances acquises, certes précieuses, ne nous éclairent pas vraiment sur le fonctionnement de la pensée. Ainsi, plus on explore et moins on comprend. Et si, paradoxalement, comme l'a suggéré Pontalis, la perte de vue était la condition de la compréhension[210] ?

Dans cette perspective, c'est la dialectique du visible et de l'invisible qui est intéressante. D'un point de vue épistémologique, rendre visible est ce qu'on peut appeler une objectivation, c'est-à-dire le fait de rendre objectif quelque chose[211]. C'est une démarche de type expérimental, et c'est elle qui prime dans le domaine scientifique depuis Francis Bacon, le fondateur de la science expérimentale moderne[212]. Le philosophe Pierre Hadot place cette méthode, qui vise à découvrir, souvent avec ruse et violence, les secrets de la nature, sous le patronage de Prométhée. Elle est prométhéenne parce qu'elle consiste à lever le voile, au besoin en l'arrachant. L'attitude inverse, Pierre Hadot la rattache au mythe d'Orphée, qui appréhende l'invisible sur le mode de la révélation progressive et qui, ce faisant, se montre respectueux de « la pudeur de la Nature » pour reprendre une expression de Nietzsche[213].

---

[210] J.-B. Pontalis, *Perdre de vue*, Paris, Gallimard, 1988, p. 279.

[211] J.-G. Barbara, « Rendre visible l'invisible », *in* Imagerie cérébrale : enjeux épistémologiques, éthiques et politiques, *Cahiers de l'Espace éthique d'Île de France*, sept. 2018, p. 21.

[212] Cité par P. Hadot, *Le voile d'Isis*, *op. cit.*, p. 132.

[213] F. Nietzsche, *Le gai savoir, op. cit.*, p. 27.

De nos jours, la recherche de la vérité requiert la mise en visibilité. Elle repose sur une démarche explicative, qui consiste à tout mettre à plat (*ex-plicare*), et dans laquelle la vérité est synonyme d'exactitude[214]. Toutefois, comme l'aurait dit Heidegger, « la vérité se dérobe au milieu de toute cette exactitude »[215]. C'est parce que l'imagerie est une entreprise de dévoilement de l'invisible, que le risque d'une forme de naturalisme sur ses productions est fort. Si elle rend visible une partie de la réalité inaccessible par d'autres moyens, ce qui est rendu visible n'est pas une donnée brute. Le visible produit par l'imagerie est une construction scientifique et technique, une façon de voir et de comprendre la réalité.

Tout ceci traduit une évolution profonde de la notion de vérité, qui s'accompagne d'une élimination de l'ombre. À l'origine, en effet, la vérité (l'*aléthéia*) n'était pas conçue comme une représentation juste et exacte. Elle désignait le processus de dévoilement de ce qui se montre en se dissimulant. D'où l'importance du voile qui recouvre la vérité des choses et qui, dans un même mouvement, la cache et la révèle. La vérité ne se dévoile toujours que sur fond d'obscurité. Et la possibilité même de s'en approcher dépend justement de ce qu'elle dissimule.

Ainsi considérée, l'*aléthéia* n'est qu'un simple et provisoire dévoilement. Elle n'est pas un résultat que l'on pourrait atteindre une bonne fois pour toutes, et qui serait le visible par opposition à l'invisible. Elle est un processus, un mouvement permanent d'articulation entre le visible et l'invisible. Cette démarche s'inscrit dans une dynamique du caché, de l'ombre, du secret, car c'est seulement du retrait que peut naître la compréhension. Il s'agit là de ce que Heidegger nomme *Verbergung*, ce qui est dissimulé, caché, celé[216]. De même,

---

214 M. Maffesoli, *La parole du silence*, Paris, Cerf, 2016, p. 62.
215 M. Heidegger, *Essais et conférences*, Paris, Gallimard, 1954, p. 11.
216 *Ibid.*, p. 220.

selon Merleau-Ponty, il n'est « pas de vision sans écran » et « si nous réussissons à décrire l'accès aux choses mêmes, ce ne sera qu'à travers cette opacité et cette profondeur qui ne cessent jamais »[217]. Ce qui rejoint ce propos de Nietzsche : « nous ne croyons pas que la vérité reste la vérité si on lui ôte ses voiles »[218]. La vérité est inséparable de ses voiles. Elle n'est la vérité que par le non-vrai qui la voile[219].

À l'encontre du fantasme du savoir absolu qui règne actuellement, cette approche progressive, biaisée, indirecte repose sur le non-visible en tant qu'instrument de connaissance. De tout cela, on peut retenir que, loin de cacher, l'ombre révèle[220].

Toute une tradition de pensée met l'ombre à l'origine de la vision, cette ombre qui donne à voir. Nombre d'écrivains en ont fait l'éloge. À commencer par Victor Hugo pour qui « l'ombre est un silence, mais ce silence dit tout » car « contempler les choses, c'est finir par ne plus les voir »[221] ; ou encore Jean Paulhan : « ce qui nous fait voir un objet, c'est sa part invisible. L'ombre, le secret, le rien est à la fin de notre vision comme il est à son principe : il existe dans l'œil lui-même une tâche aveugle »[222].

L'attitude orphique s'oppose ici clairement à l'attitude prométhéenne. Arracher brutalement le voile, rechercher la

---

[217] M. Merleau-Ponty, *Le visible et l'invisible*, Paris, Gallimard, 1964, p. 194 et 107.
[218] F. Nietzsche, *Le gai savoir, op. cit.*, Préface § 4.
[219] P. Hadot, *Le voile d'Isis*, *op. cit.*, p. 375.
[220] R. Casati, *La découverte de l'ombre, De Platon à Galilée, une énigme qui a fasciné tous les grands penseurs de l'humanité*, *op. cit.*, p. 9.
[221] Cité par M. Milner, *L'envers du visible, Essai sur l'ombre*, *op. cit.*, p. 268-269.
[222] J. Paulhan, *Le Clair et l'Obscur* (1958), Cognac, Le Temps qu'il fait, 1983, p. 44.

visibilité à tout prix et par tous les moyens, notamment par la technique, revient à instaurer un monde désenchanté. Dans un poème datant de 1795, *L'image voilée de Saïs*, Schiller avait mis en scène un jeune homme, avide de connaître la vérité qui, resté sourd aux mises en garde du hiérophante, finit par lever le voile de la déesse et en tomba inanimé.

C'est que la vérité peut aboutir à la négation de la vie[223]. Lorsque la volonté de savoir se fait volonté de mort[224]. Et il est vrai que l'on peut « mourir de la vérité », ainsi que l'a écrit Catherine Puigelier dans un livre consacré à la preuve[225].

Cette confusion entre l'exactitude, le visible et le vrai, qui se manifeste dans le domaine de la preuve, s'inscrit plus largement dans un mouvement d'artificialisation du monde. Mais avec l'artificialisation du monde, « le territoire ne précède plus la carte… C'est désormais la carte qui précède le territoire »[226].

---

[223] Sur ce point, la mythologie grecque est riche d'enseignements : Actéon meurt de n'avoir pas détourné son regard de la déesse Artémis ; Sémélé meurt d'avoir voulu contempler Zeus dans toute sa gloire ; Narcisse meurt submergé par son propre reflet ; Penthée meurt violemment, puni d'avoir vu les mystères de Dionysos qu'il refusait de reconnaître ; et Orphée, bien sûr, apprenant à ses dépens et à ceux d'Eurydice, ce qu'il en coute de transgresser l'interdit du regard.

[224] F. Nietzsche, *Le gai savoir, op. cit.*, § 344, p. 287.

[225] C. Puigelier, *Mourir de la vérité, Preuve et Nietzsche*, Paris, Mare & Martin, 2018.

[226] J. Baudrillard, *Simulacres et simulation*, Paris, Galilée, 1981.

Chapitre 7.
L'artificialisation du monde

> « *Notre époque a réussi la prouesse de faire advenir une horizontalité sans fin dans un paysage sans ombre. Horizontalité chaque jour confirmée et renforcée par une communication en réseaux, qui rend compte d'une réalité si pleine d'elle-même qu'elle ne cesse de s'excéder. Dans ces conditions, point n'est plus besoin de hauteur de vue et qui se préoccuperait encore de ce qui n'est pas ?* ».
>
> A. Le Brun[227]

Dans un livre récent, le philosophe Christian Godin définit l'artificialisme comme l'ensemble des pratiques visant à substituer des artéfacts à la réalité naturelle, soit en la transformant, soit en la détruisant[228]. Certes, il convient de se garder de tout manichéisme[229]. La nature, par exemple la nature humaine, n'est jamais justement tout à fait naturelle. Elle incorpore toujours une part d'artifice. Ainsi, le corps humain a-t-il de tout temps été modifié par la technique. Cependant, tout est question de limite et à partir d'un certain point, on peut parler de dénaturation. Précisément selon Christian Godin, la

---

[227] A. Le Brun, *Du trop de réalité*, *op. cit*, p. 46.
[228] C. Godin, *La crise de la réalité*, Ceyzérieu, Champ Vallon, 2020, p. 47.
[229] P. Descola, *Par-delà nature et culture*, Paris, Gallimard, 2005.

nature fait l'objet actuellement d'une « véritable haine ». Les saccages écologiques en sont évidemment la manifestation la plus visible. Mais l'homme lui-même n'est pas en reste car « son rêve est de devenir une machine ».

Emblématique est à cet égard le transhumanisme. Il s'agit d'un mouvement de pensée, issu de la Silicon Valley, qui repose sur la convergence des technologies, y compris les technologies de l'information, et se donne pour ambition d'améliorer l'homme, voire de le dépasser[230]. À en croire les prophéties de Ray Kurzweil, l'humain troquera peu à peu ses organes biologiques contre des systèmes plus performants : nanorobots assurant la digestion, globules rouges robotiques, implants décuplant notre mémoire et notre intelligence, en attendant le téléchargement de notre personnalité sur un ordinateur[231]. Le transhumain, ou son successeur le posthumain, serait l'avenir de l'homme. L'espèce humaine risquant alors de perdre son « privilège » au profit d'individus inédits façonnés par les technologies : cyborgs, clones, robots, etc. Au point que l'on peut redouter « l'obsolescence de l'homme »[232].

Quoi qu'il en soit, l'enthousiasme technophile des transhumanistes est sans limite. Ils nous promettent une meilleure santé, un intellect amélioré, des émotions enrichies, un bonheur indicible et une vie plus longue, voire même la possibilité d'accéder à l'immortalité : « *living longer, healthier, smarter and happier* »[233]. Sans doute, qui oserait prétendre ne pas souhaiter vivre plus longtemps, en meilleure santé, une existence dispensée de ces maux qui nous sont si familiers et

---

[230] P. Pédrot et P. Larrieu (sous la dir. de), *Transhumanisme, Approche pluridisciplinaire d'une nouvelle utopie*, *op. cit.*

[231] R. Kurzweil, *Humanité 2.0, La Bible du changement*, Paris, M21 Éditions, 2007.

[232] G. Anders, *L'obsolescence de l'homme* (1956), Paris, Ivrea, 2002.

[233] G. Hottois, J.-N. Missa et L. Perbal, *Préface à l'Encyclopédie du transhumanisme et du posthumanisme*, Paris, Vrin, 2015, p. 8.

pourtant si pénibles ? Mais l'homme resterait-il humain sans ces maux qui l'ont toujours défini et stimulé ? Le propre de l'homme n'est-il pas de les surmonter ? Que penser d'une évolution qui conduirait à les évincer, à en faire l'économie, à nous en dispenser ? Que serions-nous sans la souffrance, la douleur, la maladie, la mort ? Nos plus grandes émotions, nos plus hautes prouesses sont liées à nos pires épreuves. Que resterait-il de l'homme si nous étions dépourvus de ces souffrances ?

Car c'est la « blessure » ou la « douleur » qui conduit à créer des formes toujours nouvelles[234]. Aussi bien, pour le philosophe Jean-Michel Besnier, derrière les enjeux du transhumanisme, se dissimule mal une haine de la vie et de ce qui en constitue l'essence, à savoir le *désir*, lequel suppose nécessairement l'incomplétude, l'imperfection et la faillibilité[235]. Ce sont précisément cette incomplétude et cette imperfection qui nous font être ce que nous sommes.

Or, ce que visent les transhumanistes c'est l'éradication de l'entropie, c'est-à-dire de tout ce qui, de près ou de loin, est considéré comme une imperfection, une faille, un défaut (la maladie, le handicap, la vieillesse, etc.)[236]. À travers l'entropie, c'est le négatif qui est sommé de disparaître. Le « plus » est le leitmotiv central du transhumanisme : « H+ » est son signe de reconnaissance. Et tout concourt à l'élimination du négatif.

---

[234] B. Stiegler, *Nietzsche et la vie*, *op. cit.*, p. 235.

[235] J.-M. Besnier, « D'un désir mortifère d'immortalité, À propos du transhumanisme », *Cités*, 2013, n° 55, p. 13.

[236] Ce qui est explicite avec ceux qui se présentent comme des Extropiens. L'extropianisme est une forme particulière de pensée transhumaniste, dont le fondateur est Max More. Il se définit comme la philosophie de l'extropie, conçue comme l'inverse de l'entropie. On notera pour l'anecdote que Max More, anciennement Max O'Connor, grand adepte du bodybuilding, a lui-même commencé par « augmenter » son nom.

C'est d'ailleurs en cela que le transhumanisme se distingue de l'alchimie. Les alchimistes, qui se sont également consacrés à des processus de transmutation, accordaient une place prépondérante au travail du négatif[237]. En revanche, les méthodes transhumanistes sont totalement étrangères à cette logique de type pharmacologique, qui consiste justement à utiliser un poison en qualité de remède[238].

Toujours est-il que le transhumanisme n'est pas simplement un rêve chimérique, mais un véritable programme dont la réalisation a déjà commencé. Il trouve sa justification idéologique dans l'augmentation des capacités physiques et mentales. C'est là une belle et généreuse idée...

Cependant, vouloir modifier l'homme pour l'adapter à son environnement n'est pas la même chose que transformer l'environnement pour le rendre viable pour l'homme. Selon le philosophe Michael Sandel, « changer notre nature pour nous adapter au monde, et non l'inverse, est en réalité la forme la plus profonde de l'aliénation »[239]. En ce sens, l'idéologie transhumaniste est aux antipodes des idéaux des Lumières qui se proposaient d'améliorer la condition humaine en instaurant une société plus juste, sans chercher à formater préventivement les individus[240].

Au demeurant, une *augmentation* n'est pas nécessairement une *amélioration*. La confusion est fréquente, ce qui laisse entendre que toute augmentation (*enhancement*) est nécessairement un progrès. Ce glissement du plan descriptif (augmentation) au plan normatif (amélioration) est

---

[237] F. Bonardel, *Philosophie de l'alchimie*, Paris, PUF, 1993, p. 319.

[238] B. Stiegler, *Ce qui fait que la vie vaut la peine d'être vécue, De la pharmacologie*, Paris, Flammarion, 2010.

[239] M. Sandel, *Contre la perfection, L'éthique à l'âge du génie génétique*, Paris, Vrin, 2016.

[240] N. Le Dévédec, *La société de l'amélioration, La perfectibilité humaine, des Lumières au transhumanisme*, Montréal, Liber, 2015.

problématique et peut conduire sur le chemin du « meillorisme » pour reprendre un néologisme de Jean-François Mattéi[241].

Sur le plan cognitif, par exemple, une augmentation répondant à un usage bien spécifique peut causer une diminution sur un autre plan[242]. En brisant l'équilibre d'ensemble, l'augmentation des ressources allouées à une tâche principale risque d'entraîner une focalisation, qui va se traduire par une raréfaction du traitement des informations périphériques (effet de tunnelisation). Ainsi, une hypermnésie peut s'accompagner d'une détérioration de l'intelligence ou de la cognition sociale[243].

Si l'idéologie transhumaniste prospère bien au-delà de la Silicon Valley où elle a vu le jour, c'est parce que l'être humain est aujourd'hui assimilé à une intelligence artificielle. Il est pensé sur le modèle du numérique, son cerveau est modélisé et nous ne le comprenons plus qu'en tant que machine apprenante et automatisée[244]. Dans la perspective transhumaniste, l'accident, la panne, l'erreur, le défaut, sont considérés comme des échecs du système, qui doivent être supprimés. Pourtant, ce sont ces « échecs » qui font l'humain. À la différence de la machine, qui atteint toujours son objectif, le propre du vivant c'est le ratage, explique Miguel Benasayag[245]. Dans le domaine

---

241 J.-F. Mattéi, « La médecine conduit-elle au transhumanisme ? », Forum européen de bioéthique, 6e éd., 2016.

242 C. Godin, *La crise de la réalité*, *op. cit.*, p. 113.

243 P. Larrieu, « La neuro-amélioration des sujets « sains » : enjeux anthropologiques, sociologiques et juridiques », *Journal international de bioéthique,* 2018, n° 3-4, p. 71 ; « Recours aux techniques biomédicales en vue de « neuro-amélioration » chez la personne non malade : enjeux éthiques », *Droit, santé et société,* 2016, n° 2-3, p. 13.

244 C. Lafontaine, *L'Empire cybernétique, Des machines à penser à la pensée machine*, Paris, Seuil, 2004.

245 M. Benasayag et C. Cany, *Le retour de l'exil, Repenser le sens commun, op. cit.*, p. 35.

de l'intellect, il est établi que la faille, le déficit[246], l'accident contribuent à l'intelligence générale[247]. Celle-ci repose sur la liberté d'improviser, en s'écartant de routines devenues des automatismes. Là réside la véritable richesse.

Plus largement, une vie dont les processus réparateurs compenseraient toujours les lésions, sans perte ni reste, ne serait pas une vie. Le devenir suppose des incidents, des erreurs, des échecs, des anomalies, des dégénérescences devenus subitement normatifs en s'imposant contre la moyenne[248]. Ce sont ces perturbations qui, mettant en péril les forces conservatrices, infligeant des blessures aux éléments stables, rendent possible l'évolution. Vouloir éradiquer ces scories revient à faire prévaloir la logique de l'inorganique sur celle du vivant[249].

Indépendamment de la déshumanisation que ce réductionnisme implique, on voit réapparaître la haine du corps et de tout ce qui constitue la matière organique[250]. Toute expression de l'irrationnel, du sensuel, du bestial est refoulée dans la perspective transhumaniste. L'homme a certes toujours mal supporté que son corps et ses besoins lui rappellent la terre, la glèbe, le limon d'où, selon le mythe de la Genèse, il vient (littéralement, Adam est fils de *Adamah*, la glèbe). La « vie » débarrassée des contraintes matérielles est précisément ce que proposent les transhumanistes. Et l'individu, transformé en simple profil numérique, se réjouit de pouvoir devenir technico-compatible dans un souci d'adaptabilité permanente et de performance opérationnelle.

---

[246] H. Bergson, *L'évolution créatrice* (1907), Paris, PUF, 2016, p. 145 s.

[247] D. Bates, « Penser l'automaticité au seuil du numérique », *in Digital studies*, Paris, FYP Éditions, 2014.

[248] G. Canguilhem, *Le normal et le pathologique* (1966), Paris, PUF, 2013, p. 89.

[249] B. Stiegler, *Nietzsche et la vie*, *op. cit.*, p. 245.

[250] M. Benasayag et B. Cany, *Les nouvelles figures de l'agir, Penser et s'engager depuis le vivant*, *op. cit.*, p. 22.

Par suite, c'est notre rapport au langage qui se trouve modifié. Dans un monde où tout est converti en flux d'informations, le langage tend à devenir fonctionnel, ce qui nécessite que soient rejetés du mouvement de la parole tous les éléments non conformes, assimilés à des bruits. Non sans produire de plus en plus de concepts ritualisés, qui sont des signaux, et qui ont pour caractéristique commune d'être immunisés de la contradiction, de l'équivoque et de la part d'ombre. Cette « opération chirurgicale du langage vise à éliminer tout ce qu'il y a en lui de symbolique… tout ce qu'il y a en lui de vide, d'absence »[251].

Désormais, c'est davantage l'information codée, c'est-à-dire une pure forme, un signe, voire un signal qui prime sur le sens du message. De la sorte, s'instaure un désaveu de la parole dans une civilisation technologique qui prétend transmettre des informations de manière purement objective[252]. Le modèle anthropologique qui émerge de cette civilisation n'est autre que le robot, en tant que système parfaitement articulé, parfaitement structuré, parfaitement déterminé par un programme.

C'est pourquoi le rejet du négatif s'accompagne d'un refus de l'équivoque et de l'ambiguïté. Dans un monde « amélioré », toutes les significations sont appelées à devenir univoques, c'est-à-dire claires et nettes. Il s'agit de réduire la polysémie des discours et l'opacité du langage, considérées comme d'indésirables troubles de la communication.

Tel est le cas, par exemple, avec les assistants vocaux qui ne « comprennent » qu'un langage simplifié, réduit à un code binaire, à quelques mots-clés. Plus largement, l'apparition d'une nouvelle « science des données » qui permet de trier et d'analyser des données de masse nécessite de recourir au traitement automatique du langage naturel (TALN). Le TALN, qui constitue une branche de l'intelligence artificielle,

---

[251] A. Le Brun, *Du trop de réalité*, *op. cit.*, p. 68.
[252] R. Gori, *La dignité de penser*, *op. cit*.

comprend « l'ensemble des recherches et développements visant à modéliser et reproduire, à l'aide de machines, la capacité humaine à produire et à comprendre des énoncés linguistiques dans des buts de communication »[253]. Or, les deux inconvénients majeurs du langage naturel sont l'ambiguïté et l'implicite, qu'il convient dès lors de corriger. De même, lorsqu'il est question des interfaces cerveau-machine-cerveau pour permettre une communication directe d'une personne à une autre, c'est la parole qui est menacée parce qu'elle est jugée trop ambiguë et peu transparente.

Mais n'est-ce pas précisément dans le fait de vouloir en finir avec l'ambivalence au moyen de stipulations qui tendent à l'univocité que réside l'arbitraire ? Sans compter que si l'on voulait se passer de tous les termes équivoques, on ne dirait plus rien !

Tout ceci manifeste une dévalorisation de la parole au profit d'une communication prétendument plus objective[254]. Cela fait partie des nouvelles promesses de l'idéologie d'un monde sans faille où règne une harmonie universelle. L'accroissement des nouveaux modes de communication et d'information, le langage technologique et numérique participent de cette attente. D'où l'apparition d'une novlangue, qui peut même aller jusqu'à l'abolition du langage, comme on a pu le voir avec les plateformes de jugement, où le processus se déroule sans aucun échange de paroles.

Dans *L'Homme unidimensionnel*, Marcuse nous avait mis en garde sur les dangers d'un nouveau conformisme technologique, susceptible d'engendrer un « univers du discours clos » réduisant le mot à un contenu standardisé[255]. Comme le note Annie Le Brun trente ans plus tard, « le langage

---

[253] F. Yvon, « Une petite introduction au traitement automatique du langage naturel », 2007 (en ligne).
[254] R. Gori, *La dignité de penser*, *op. cit.*
[255] H. Marcuse, *L'homme unidimensionnel*, *op. cit.*, p. 109.

n'est désormais plus que l'ombre de lui-même jusqu'à n'être même plus porteur de l'ombre des choses »[256]. Il est remplacé par un « langage de synthèse, qui s'est constitué comme tel à force d'éliminer la part de nuit que certains mots pouvaient encore véhiculer en contrebande ou la part d'incommunicabilité grâce à laquelle d'autres pouvaient déconnecter ce qui est programmé »[257].

Parallèlement à ce langage de synthèse, qui est dépourvu de négatif, nous sommes submergés par la prolifération des images de synthèse. Prolifération devenant « monstrueuse, au point de barrer tout horizon. À commencer par celui de l'imaginaire », déplorent Annie Le Brun et Juri Armanda[258]. Trop d'objets, trop d'images, trop de signes se neutralisent en une masse d'insignifiance, qui ne cesse d'envahir le paysage mental. Dans cette « dictature de l'image », il n'y a plus aucun point de fuite, ni vers l'extérieur, ni vers l'intérieur. L'écart, la distance vitale sont menacés ce qui met en péril la possibilité même de la conscience, qui est un écart par rapport au monde[259]. Sans cet écart, nous serions totalement éblouis, aveuglés par des millions de données. Car ce qui colle aux yeux n'est pas vu, c'est à distance seulement que s'ouvre la possibilité de voir.

Pour Annie Le Brun, cette saturation, cette prolifération, cette hypertrophie numérique est le symptôme d'un trop plein de réalité[260], réalité qui dépasse l'excédent dont parlait Georges Bataille, que toutes les sociétés ont toujours su détruire par la dépense improductive. Nous ne savons plus nous débarrasser

---

[256] A. Le Brun, *Du trop de réalité*, *op. cit.*, p. 68.
[257] *Ibid.*, p. 88.
[258] A. Le Brun et J. Armanda, *Ceci tuera cela*, *op. cit.*, p. 72.
[259] S. Zizek, *La parallaxe*, *op. cit.*, p. 328.
[260] A. Le Brun, *Du trop de réalité*, *op. cit.* ; *contra* C. Godin, *La crise de la réalité*, *op. cit.*, p. 38, qui y voit plutôt une perte de la réalité : dans un monde où l'énergie et l'information finissent par déréaliser la matière elle-même, tout devient rêve.

de l'excédent, et cette positivité hyperbolique risque d'engendrer la catastrophe. Nous sommes exposés à un risque d'asphyxie. Plus rien ne fait tension, plus aucun espace intervallaire et vide ne résiste à cette positivité en marche.

Après la société de l'addiction, place à celle de l'hyperconnexion. La consommation exponentielle de substances chimiques, licites ou non licites, s'accompagne à présent d'un recours massif aux nouvelles technologies, faisant office de prothèses censées combler le vide et la perte de sens généralisés. L'immense appareillage informatique de l'homme lui tient lieu de fétiche, et c'est parce que le fétiche, au même titre qu'une drogue, permet de combler le vide, que la réalité devient intégrale, totale. Où l'on retrouve le monde du pervers[261] : un monde plein, un monde entièrement et immédiatement réalisé, un monde clos.

À l'heure où il n'est plus question partout que d'augmentation, d'accumulation, dans une quête du « toujours plus », la question à se poser d'urgence est peut-être de savoir ce dont il faudrait se débarrasser. À relire Baudrillard, « ce que nous avons désappris de la modernité, où nous n'avons de cesse d'accumuler, d'additionner, de surenchérir, c'est que c'est la soustraction qui donne la force, que de l'absence naît la puissance. Et pour n'être plus capables d'affronter la maîtrise symbolique de l'absence, nous sommes aujourd'hui plongés dans l'illusion inverse, celle, désenchantée, de la prolifération »[262].

Par un processus d'interconnexion généralisée, on assiste à l'avènement d'un monde tellement plein, opérationnel et programmé, que l'être humain en devient surnuméraire[263]. À plus forte raison quand, sous couvert de tout relier, le monde connexionniste brise, efface ou contrefait tous les liens

---

[261] J.-P. Lebrun, *La perversion ordinaire*, *op. cit.*
[262] J. Baudrillard, *Le crime parfait*, *op. cit.*, p. 16.
[263] A. Le Brun, *Du trop de réalité*, *op. cit.*, p. 113.

véritables entre les êtres, laissant la promiscuité prendre le pas sur l'interdépendance.

Sous prétexte de communication, toute distance est en passe d'être abolie entre les individus. Mais en éliminant le négatif de l'espace entre les hommes, l'abolition de la distance est source de violence[264]. Car « ce n'est qu'aussi longtemps qu'ils échappent à la bousculade incessante de relations où ils donnent et prennent, discutent et exécutent des projets, disposent des choses et exercent des fonctions, qu'il reste entre les hommes assez d'espace pour l'écheveau délicat des fils qui les relient les uns aux autres ; et ce n'est que dans cette extériorité que peut se cristalliser l'intériorité »[265].

Le temps lui aussi est un écart, puisque toutes choses ne peuvent exister qu'en différé, dans un désordre inexprimable de temporalités. Or, aujourd'hui, nous sommes sommés de vivre en temps réel[266], de penser en temps réel ce qui est une impossibilité logique, et même de juger en temps réel. Le temps réel c'est le déni de la durée, la perte d'un différé, au profit d'un temps instantané et définitif. Que serions-nous en temps réel ? Nous nous identifierions à chaque instant exactement à nous-mêmes ! Et c'est parce que le devenir est dénié que l'on se prend à rêver à l'éradication de la mort.

---

264 J.-M. Besnier, *Georges Bataille, La politique de l'impossible*, Nantes, Éditions Cécile Defaut, 2014, p. 283.
265 T.W. Adorno, *Minima moralia, Réflexions sur la vie mutilée* (1951), Paris, Payot, 2001, p. 50.
266 H. Rosa, *Aliénation et accélération*, Paris, La Découverte, 2014.

Chapitre 8.
La mort de la mort

« Éteins-toi,
Éteins-toi court flambeau !
La vie n'est qu'une ombre qui passe ».
W. Shakespeare[267]

Le rêve de l'immortalité n'a rien de récent. On peut le faire remonter au moins à l'épopée de Gilgamesh (IIIe millénaire avant J.-C.), ce roi qui ne voulait pas mourir et qui, au terme d'un périple tumultueux, finit par accepter sereinement son destin de mortel. Nombreux sont les mythes qui montrent le sort funeste de ceux qui sont frappés par cette forme d'*hubris* consistant à refuser la mort, l'ultime limite. Ou alors qui célèbrent celui qui, tel Ulysse, repousse la tentation de l'immortalité pour rejoindre les siens.

Tout autre est le désir d'immortalité porté par les tenants du transhumanisme, pour lesquels le champ des possibles est infini et la convergence des technologies pourrait permettre de repousser la mort[268]. *A priori*, il s'agit de perpétuer indéfiniment le corps, par peur de la fin, dans une approche égocentrée et une obsession de la maîtrise. Mais paradoxalement, ce n'est plus le corps humain qui est au centre des préoccupations transhumanistes. C'est une nouvelle forme

---

[267] W. Shakespeare, *Macbeth*, V, 5.
[268] L. Alexandre, *La mort de la mort*, Paris, Éditions J.-C. Lattès, 2011.

de vie post-organique, dans laquelle on pourra dépasser les contraintes des corps, par nature trop faillibles[269].

D'emblée, on peut se demander quelles sont les parts respectives du fantasme et des réalités de ce nouveau projet. Il est bien évident que ce n'est pas l'immortalité que visent les transhumanistes, plutôt une amortalité qui consiste à supprimer les maladies et le vieillissement (d'ailleurs considéré comme une maladie). Resteraient alors les accidents, les meurtres et les suicides pour mettre un terme à une « existence » susceptible de durer mille ans. À lire Laurent Alexandre, cofondateur du site Doctissimo en France, « le premier homme qui vivra mille ans est peut-être déjà né »[270]. Il convient de préciser que les GAFAM (Google, Apple, Facebook, Amazon et Microsoft) et leurs équivalents chinois sont parmi les principaux sponsors des recherches visant à différer la mort. Par exemple, Jeff Bezos, fondateur d'Amazon, vient de créer un centre de recherches sur le vieillissement cellulaire. Et rares sont les publications qui permettent de prendre la mesure de ce qui se prépare dans les laboratoires du monde entier[271]. Un nouveau marché a fait son apparition : le marché de « l'immortalité ».

La cryogénisation *post-mortem* n'ayant pas donné de résultats probants en raison des contraintes de stockage et des besoins en énergie[272], c'est sur le vivant qu'il est désormais proposé d'agir dans l'espoir de repousser le trépas. Le « prolongévisme » est un courant de pensée qui considère le vieillissement comme le résultat d'un certain nombre de

---

[269] M. Benasayag et C. Cany, *Le retour de l'exil, Repenser le sens commun*, *op. cit.*, p. 35.
[270] L. Alexandre, *La mort de la mort*, *op. cit.*, p. 63.
[271] *Ibid.*, p. 12.
[272] A.-B. Caire, « La cryogénisation », *in Transhumanisme, Approche pluridisciplinaire d'une nouvelle utopie* (sous la dir. de P. Pédrot et P. Larrieu), Paris, MA Éditions, Eska, 2018 ; *Journal international de bioéthique*, 2018/3-4, p. 54.

processus moléculaires et de défaillances cellulaires, que l'on peut et doit corriger[273]. D'ores et déjà, la connaissance des prédispositions génétiques et des facteurs de risque de telle ou telle maladie procure le sentiment de pouvoir contrôler et reprogrammer indéfiniment le corps. Mais des interventions plus actives sont envisageables. Ainsi, grâce aux avancées récentes en biologie du vieillissement, des expériences menées sur des souris ont mis en évidence le caractère réversible du processus de sénescence par une modulation du gène permettant de réparer les extrémités des chromosomes, que sont les télomères[274].

Indépendamment de ces expériences visant à ralentir le vieillissement, la quête de l'« immortalité » peut aussi emprunter la voie de l'intelligence artificielle avec le *Minduploading*, qui permettrait de transférer le contenu d'un cerveau humain sur un ordinateur, en vue de sa réimplantation sur un robot[275]. Ce transfert de notre mémoire biologique vers une mémoire virtuelle, qui est l'un des projets phares de la société Neuralink fondée en 2017 par le milliardaire Elon Musk, entraînerait l'abolition de toute frontière entre l'humain et la machine et marquerait l'avènement de la posthumanité, en faisant disparaître toute enveloppe corporelle.

Or, précisément, c'est là que le droit devrait rappeler la limite. Il s'agit en effet d'une pure expression de l'*hubris*, de la pléonexie (le *no limit*), qui est le propre de notre société

---

[273] C. Lafontaine, « De la dégénérescence à la régénération : vieillir à l'âge de la médecine régénératrice », *in La réponse de la science médicale au « devenir vieux». Prolongévisme, transhumanisme et biogérontologie,* Québec, Presses de l'Université de Laval, 2012, p. 75.
[274] J.-N. Nissa, « Prolongation de la vie », *in Encyclopédie du transhumanisme et du posthumanisme*, Paris, Vrin, 2015, p. 311.
[275] G. Brunaux, « Le « *mind uploading* » ou téléchargement de l'esprit », *in Le droit saisi par la science-fiction* (sous la dir. de F. Defferrard), Paris, Mare & Martin, 2016, p. 71.

occidentale laquelle, au nom du prométhéisme et de son corollaire, le mythe du progrès, refuse de voir combien cette négation de la limite peut être dévastatrice. Et la première de toutes les limites est évidemment la mort, la finitude.

Certes, toutes les techniques de cryogénisation, de clonage et de modification génétique sont actuellement interdites, tout au moins dans les pays européens. Mais on peut se demander si « la condition de mortel » ne devrait pas être reconnue comme étant d'ordre public et donc déclarée indisponible, suivant une suggestion du Doyen Carbonnier[276]. Car vouloir éradiquer la mort, c'est vouloir supprimer la vie, c'est-à-dire le désir, qui en constitue l'essence. Ce qui, d'une certaine façon, est un crime contre l'humanité.

Ce qui fait la grandeur de l'espèce humaine c'est la reconnaissance et l'acceptation de la mort. Dans son livre sur *L'échange symbolique et la mort*, Jean Baudrillard écrivait : « Des sociétés sauvages aux sociétés modernes, l'évolution est irréversible : peu à peu les morts cessent d'exister. Ils sont rejetés hors de la circulation symbolique du groupe. Ce ne sont plus des êtres à part entière, des partenaires dignes de l'échange, et on le leur fait bien voir en les proscrivant de plus en plus loin du groupe des vivants, de l'intimité domestique au cimetière, premier regroupement encore au cœur du village ou de la ville, puis premier ghetto et préfiguration de tous les ghettos futurs, rejetés de plus en plus loin du centre vers la périphérie, enfin nulle part comme dans les villes nouvelles ou les métropoles contemporaines, où rien n'est plus prévu pour les morts, ni dans l'espace physique ni dans l'espace mental… À vrai dire, on ne sait plus quoi en faire. Car il n'est pas normal d'être mort aujourd'hui, et ceci est nouveau. Être mort est une anomalie impensable… Plus de lieu ni d'espace-temps affecté aux morts,

---

[276] J. Carbonnier, *Droit civil, Introduction, Les personnes*, Paris, PUF, 1979, p. 235.

leur séjour est introuvable, les voilà rejetés dans l'utopie radicale – même plus parqués : volatilisés »[277].

Comment ne pas faire un parallèle avec la « gestion des morts » durant la pandémie qui nous a frappés en 2020 ? La crise sanitaire liée au coronavirus a bouleversé la prise en charge des personnes décédées, tant pour les soins à apporter au corps que pour la mise en bière, le transport ou encore le déroulement des obsèques. Au nom de l'état d'urgence sanitaire, et sous le règne du sans-contact, on nous a imposé des enterrements sans rite dans des cimetières vides. Certes, on a *compté* les morts, mais en les comptabilisant on les a dépourvus de leur négativité, si tant est que là où règne le nombre, il n'est pas de négatif[278]. Toutefois, ceci n'est que la part visible de l'iceberg. C'est en réalité une véritable mutation anthropologique que nous vivons. La mort nous est devenue insupportable et nous ne l'acceptons plus. Les ambitions transhumanistes apportaient déjà la preuve de cette dérive, la crise sanitaire a poussé les choses au paroxysme.

La mort refoulée dans la survie n'est cependant, selon le reflux bien connu de tout ce qui est dénié, que la forme accomplie de la culture de mort qui partout se répand. Notre civilisation se meurt d'avoir voulu éradiquer la mort : vouloir qu'il n'y ait que de la vie, c'est faire qu'il n'y ait que de la mort. Ainsi, pour Georges Bataille, le fantasme délirant d'abolir la mort évoque la possibilité d'un « cauchemar » puisqu'il équivaut à l'installer au cœur de la vie[279]. De même, pour Jean Baudrillard, la mort ôtée à la vie, c'est la vie résiduelle, qui n'est même plus une vie, c'est l'opération même de l'économique[280].

---

[277] J. Baudrillard, *L'échange symbolique et la mort*, Paris, Gallimard, 1976, p. 207.
[278] A. Le Brun et J. Armanda, *Ceci tuera cela*, *op. cit.*, p. 89.
[279] G. Bataille, *L'érotisme* (1957), Paris, Les Éditions de Minuit, 2011.
[280] J. Baudrillard, *L'échange symbolique et la mort*, *op. cit.*, p. 214.

C'est la vie qui a perdu son ombre[281], mais comme en fit la malheureuse expérience Peter Schlemihl dans le roman de Von Chamisso, *L'homme qui a perdu son ombre*, il s'agit là d'un marché de dupes.

Supprimer ou repousser la mortalité est en réalité un moyen de contrôler et d'asservir les individus jusque dans leur chair. Ce nouveau marché participe d'une forme de biopouvoir, et s'inscrit dans le cadre d'une société de l'hypercontrôle[282]. Il s'agit moins d'un biopouvoir des gouvernements sur les populations que d'un biopouvoir industriel ou économique, appuyé sur une pseudo-liberté de consommation[283]. L'économie l'emporte désormais sur tout, la vie devenant une matière que l'on peut prolonger par une modification continue de l'homme. Celui-ci étant pris dans l'engrenage d'une consommation *ad vitam aeternam*. Où l'on retrouve la réduction de l'humain à du quantifiable.

Et pourtant, il subsistera toujours dans l'homme une part incompressible, qui ne pourra jamais être réduite que partiellement. Ce qu'expriment ces vers de Borges : « Et pourtant il y a quelque chose qui reste »[284]. Ce reste c'est la « part maudite », la « part du diable », la « part de l'ombre », celle qui résiste au tout positif, au principe de sécurité et à l'interdit de la mort.

Que des populations entières aient préféré disparaître plutôt que de céder à l'impératif de conservation, voilà qui est oublié, voilà qui, néanmoins, toujours ressurgit[285]. Que l'homme ait besoin non seulement de se conserver ou de s'enrichir, mais

---

[281] P. Larrieu, « Vivre sans ombre », *in Vivre sans, Que reste-t-il de notre monde* ? (sous la dir. de), Toulouse, Érès, 2020, p. 103.

[282] F.-P. Adorno, *Le désir d'une vie illimitée, Anthropologie et biopouvoir*, Paris, Éditions Kimé, 2012.

[283] S. Deprez, « Pour quoi tuer la mort ? Hypercontrôle ou hyperindividualisme ? », *Ethica clinica* 2017, n° 85, p. 31.

[284] J.-L. Borges, *Les conjurés*, Paris, Gallimard, 1988, « Les fleuves ».

[285] J. Baudrillard, *L'échange symbolique et la mort*, *op. cit.*, p. 293.

aussi de se perdre et de se détruire, est une conviction, un principe incontesté et incontestable dans l'œuvre de Georges Bataille[286]. Autrement dit, il existe en l'homme un besoin non finalisé, non intéressé, qui le conduit à la perte, à la dépense, et cette « part maudite » est irréductible au principe de conservation et à la logique économique.

C'est parce qu'elle est déniée que cette « part maudite » ressurgit actuellement sous sa forme la plus hideuse : le terrorisme. On voit en effet se multiplier des pratiques sacrificielles, qui sont d'autant plus destructrices que notre société poursuit le projet « fou » d'éradiquer tout sacrifice, toute perte, toute négativité[287]. Face aux promesses d'immortalité des techno-utopies, répondent symétriquement les nouveaux nationalismes et fondamentalismes religieux, qui prolifèrent sur fond de nihilisme. Et qui, prétendant aimer la mort autant que d'autres aiment la vie, participent du même manichéisme. Car au final, la mort inéluctable fera de nous tous des ombres sans ombre.

---

[286] G. Bataille, « La notion de dépense », *in Œuvres Complètes*, *I,* Paris, Gallimard, 1970, p. 308.
[287] M. Benasayag et C. Cany, *Le retour de l'exil, Repenser le sens commun*, *op. cit.*, p. 137.

Chapitre 9.
Le retour du refoulé

> « *Le soleil a beau dorer la face des jours, l'espace muet nous rappelle qu'il s'agit d'un masque et que c'est la nuit qui est tout* ».
>
> F. Pessoa[288]

En cherchant à évacuer l'entropie, notre société s'est fragilisée, devenant extrêmement vulnérable et particulièrement intolérante à tout ce qui, de près ou de loin, apparaît négatif. Le corps social, comme le corps biologique, a perdu ses défenses naturelles, ce qui entraîne l'apparition de nouvelles « maladies ».

Tandis que les laboratoires les mieux dotés financièrement travaillaient à repousser la mort, voilà qu'un petit virus, un être vivant dont la seule finalité est de se reproduire, a mis le monde à l'arrêt, venant ainsi nous rappeler la limite que nous avions cru pouvoir repousser indéfiniment. En se diffusant dans nos sociétés, en compromettant nos projets, en balayant toutes nos illusions, il nous a obligés à nous confronter au réel et à la finitude[289]. Il nous a arrachés à nos allant-de-soi, nous a permis

---

[288] F. Pessoa, *Œuvres*, tome 1, *Poèmes*, 1911-1935, « *Cancioneiro* ».
[289] Pour le psychanalyste Jean-Pierre Lebrun, la pandémie peut être lue comme l'indice d'une forclusion de la limite, c'est-à-dire de sa progressive éclipse du symbolique (depuis maintenant deux ou trois générations) et de son retour dans le réel : J.-P. Lebrun, « Vivre sans

d'apercevoir l'envers du décor d'un monde que l'on croyait ferme et stable. Nous avons touché du doigt nos failles, nos vulnérabilités, nous avons senti les limites de nos fuites en avant dans la suractivité. Révélée en pleine lumière, l'ombre de notre société a pris la forme d'un massif retour du refoulé.

La pandémie survenue en 2020 a suscité un état de sidération comparable à celui d'un choc traumatique[290]. Cet état de sidération, suivi d'un arrêt de la pensée, s'est accompagné de troubles psychologiques divers, au point que certaines personnes ont développé un syndrome de stress post-traumatique dont elles auront du mal à se débarrasser. Mais le virus ne s'est pas seulement attaqué aux organismes et aux individus pris isolément. C'est le corps social dans son ensemble qu'il a désorganisé, déstabilisé[291]. Dans une vision prospective, les spécialistes sont nombreux à souligner les conséquences inévitables du choc sur notre société, qui apparaît traumatisée[292]. Et l'on sait bien que psychologique et social sont inséparables.

Cette pandémie s'est produite alors que nous vivions déjà dans des sociétés de la peur. La Covid n'a fait qu'accentuer une montée en puissance de la surveillance généralisée. Dans une tribune publiée en mars 2021, Mireille Delmas-Marty observe que « la généralisation de la surveillance s'est accélérée sous le coup de l'urgence sanitaire, et pourrait mener à une mutation de notre régime politique... Insensiblement, tout cet arsenal transforme nos États de droit en États policiers et nos sociétés ouvertes en sociétés de la peur où la suspicion suspend la

---

limite, Quelles conditions pour profiter de la crise sanitaire ? », *in Vivre sans, Que reste-t-il de notre monde ?* (sous la dir. de P. Larrieu), Toulouse, Érès, 2020, p. 63.

[290] R. Gori, *Et si l'effondrement avait déjà eu lieu, L'étrange défaite de nos croyances,* Paris, Les Liens qui libèrent, 2020 ; S. Ferenczi, *Le traumatisme* (1934), Paris, Payot, 2006.

[291] C. Salmon, « Coronarration ou les paroles gelées », *AOC media, Analyse opinion critique*, 25 août 2020.

[292] R. Gori, *Et si l'effondrement avait déjà eu lieu, op. cit.*

fraternité et fait de l'hospitalité un délit pénal »[293]. Ceci revient à dire que les remèdes que l'on a tenté d'apporter à la « crise » sont ceux-là mêmes qui ont conduit à la situation présente et ils reposent sur la même logique : le rejet du négatif.

Il est vrai que les réactions d'un bout à l'autre de la planète ont été différentes : le modèle libéral (le « laisser-faire » de Trump et Bolsonaro) a montré ses limites ; le modèle asiatique a peut-être démontré son efficacité sur le plan sanitaire (stratégie dite du « Zéro covid »), mais au prix de graves restrictions des libertés ; quant à nous, européens, nous avons cherché la ligne de crête entre la santé et la liberté, la santé et l'économie, la santé physique et psychologique... L'avons-nous trouvée ? Quoi qu'il en soit, en de telles périodes, la tentation autoritaire est d'autant plus grande et d'autant plus préoccupante que les mesures qui entravent légitimement les libertés peuvent frayer la voie au pire.

Dans le siècle de la peur qui est le nôtre, le coronavirus a produit autant, sinon plus d'épouvante que le terrorisme, qui est lui aussi un produit de notre écosystème[294]. Dans les deux cas, ces phénomènes sont la résultante de nos modes de fonctionnement. Le négatif, à l'œuvre dans toute histoire et qui ne disparaît jamais, ne pouvant désormais se laisser cibler au dehors (la mondialisation supprimant ce dehors), s'est trouvé conduit à se déployer au cœur de nos sociétés : n'ayant plus d'issue frontale, il ne pouvait que prendre la forme disséminée du terrorisme.

Ne pas reconnaître la violence qui se trouve au fondement même de la société, ne pas lui laisser l'occasion de se manifester à dose homéopathique, vouloir tout réguler, normaliser, contrôler revient en fait à produire des foyers de destruction au

---

[293] M. Delmas-Marty, « Le rêve de perfection transforme nos États de droit en États policiers », *préc.*

[294] R. Gori, « Vivre sans esprit », *in Vivre sans, Que reste-t-il de notre monde* ?, *op. cit.*, p. 41.

sein même de la structure. Nous voyons alors des personnes s'autodétruire au nom de différentes idéologies, plus folles les unes que les autres, au nom de théories puériles relatives à la meilleure façon d'instituer le Paradis sur terre, et de revenir à un hypothétique âge d'or. Nous assistons à une véritable explosion du « mal radical ». Il ne faut pas être grand clerc pour voir que les puissances souterraines, refoulées, qui étaient précédemment domestiquées et enchaînées avec plus ou moins de bonheur, n'ont jamais pu être éradiquées. L'irénologie aux fins de paix universelle, tout à fait estimable en théorie, ne doit pas et ne peut pas occulter le *polemos* qui est le propre de notre humaine (trop humaine) nature[295].

L'oppression pure et simple de l'ombre, la volonté de l'éradiquer ne constitue certainement pas un remède. Car ce faisant, on exacerbe son potentiel négatif. Toute posture trop unilatérale ne peut que conduire à la catastrophe.

À cet égard, le mythe grec est riche d'enseignements. Dans *Les Bacchantes*, Euripide a consacré à Dionysos sa dernière tragédie, produite en 405 avant J.-C.[296]. Après plusieurs années d'errance, Dionysos rentre chez lui à Thèbes. Il arrive au moment où Penthée, fils d'Agavé, elle-même sœur de Sémélé, est roi de Thèbes. Il se présente masqué, déguisé en prêtre ambulant, portant les cheveux longs. Entouré de femmes, les ménades, il souhaite introduire dans la cité un ferment qui ouvre sur une dimension nouvelle de l'existence quotidienne[297] : la luxure, le dérèglement, la transgression, l'excès sous toutes ses formes. Seulement le roi Penthée, qui incarne l'archétype de l'homme grec, convaincu de la supériorité de la raison et du contrôle de soi, refuse de reconnaître la divinité de Dionysos.

---

[295] M. Maffesoli, *Essais sur la violence, banale et fondatrice*, Paris, CNRS Éditions, 2009, p. IX.

[296] Euripide, *Les Bacchantes*, Paris, Les Éditions de Minuit, 2005.

[297] J.-P. Vernant, *L'univers, les dieux, les hommes*, Paris, Seuil, 1999, p. 182.

Et c'est pour cette raison qu'il finira décapité par sa propre mère, elle-même sous l'emprise du délire et de la *mania*.

La tragédie des *Bacchantes* exprime, à travers la figure de Dionysos, la nécessité de reconnaître la part maudite, la part du diable, la part de l'ombre et de lui accorder une place, sous peine de la voir ressurgir sous sa forme la plus hideuse[298]. Certes, il existe une méfiance constante vis-à-vis de ce qui appartient aux aspects inférieurs de l'espèce humaine : la matière, le corps, le sang, l'humus, les ténèbres. Mais en refusant d'accorder une place à la licence, en rejetant l'élément barbare et sauvage, le roi Penthée court directement à sa perte. De même, le mythe rapporte que lorsqu'on refusait au dieu Pan l'entrée dans la cité, il semait le désordre et la panique (mot dérivé de son nom). Alors que son acceptation ritualisée permettait d'en limiter les méfaits, à tout le moins de les circonscrire.

Au même titre que Pan, Dionysos symbolise la résurgence du principe obscur, lorsqu'il n'a pas été reconnu. En l'excluant, en refusant de l'associer, la cité elle-même finit par basculer dans le chaos et s'effondre[299]. Car elle s'expose à un retour de l'ombre dans sa figure la plus monstrueuse[300]. En d'autres termes, moins l'ombre est incorporée, plus elle devient noire et dense.

La reconnaissance de la part maudite, de la part de l'ombre, est précisément ce qui fait cruellement défaut à l'heure actuelle dans notre société occidentale, si prompte à dénoncer la barbarie qu'elle porte en elle. La négativité, qui paraît nous

---

[298] M. Maffesoli, *L'ombre de Dionysos, Contribution à une sociologie de l'orgie*, Paris, Librairie des Méridiens, 1985.

[299] P. Larrieu, *Mythes grecs et droit, Retour sur la fonction anthropologique du droit*, Québec, Presses universitaires de Laval, 2017.

[300] J.-P. Vernant et P. Vidal-Naquet, *La Grèce ancienne*, tome 3, *Rites de passage et transgressions*, Paris, Points, 2009.

submerger, ne trouve plus de voies d'intégration ou de métabolisation. On peut y voir un retour du refoulé[301].

Le même enseignement peut être traduit en termes plus scientifiques. À partir des avancées de la physique quantique, le philosophe Stéphane Lupasco a formulé le postulat d'une logique de l'antagonisme ou logique de l'hétérogénéité, qui n'est pas étrangère à la dynamique héraclitéenne des contraires. Voici son théorème fondateur : À tout phénomène quelconque, doit toujours être associé un anti-phénomène, de telle manière que l'actualisation de l'un entraîne toujours la potentialisation de l'autre[302]. L'actualisation correspond à la réalisation, à la manifestation en actions, des possibilités d'un phénomène quelconque, tandis que la potentialisation représente au contraire la mise en attente, en réserve, des possibilités de réalisation. Mais au-delà d'un certain point, toute posture trop unilatérale est menacée de retournement. En effet, en l'absence d'opposition, tout intérêt, tout principe, qui se prend lui-même pour fin ultime, finit par s'aliéner et se détruire par renversement en son contraire[303]. Il s'agit là d'une véritable loi de réversion, dite d'énantiodromie[304], qui expose à un retour du refoulé : en actualisant exagérément l'un des pôles, on potentialise inévitablement le pôle opposé ce qui, au-delà d'un certain seuil, va entraîner sa résurgence.

Toute prohibition, poussée à l'excès, conduit à un retour en force de ce qu'elle rejette. C'est ainsi que l'excès de transparence, d'ordre et de maîtrise aboutit nécessairement à son contraire, c'est-à-dire au chaos. En ne laissant plus de place

---

[301] S. Freud, *Le malaise dans la civilisation* (1930), Paris, Points, 2010.
[302] S. Lupasco, *Le principe d'antagonisme et la logique de l'énergie* (1951), Monaco, Éditions Le Rocher, 1987, p. 9.
[303] F. Ost, *Le droit, objet de passions* ?, Bruxelles, Académie royale de Belgique, 2018, p. 12.
[304] P. Watzlawick, *L'invention de la réalité*, Paris, Seuil, 1988, p. 258.

à la licence, en constellant toute l'existence de règles précises, rigoureuses et impératives, qui visent à éradiquer tout écart par rapport à une norme, en rejetant toute expression de la négativité, notre société occidentale s'est exposée à un retour du refoulé.

Ceci est particulièrement flagrant en présence d'une structure dominante, comme l'État ou le Marché, c'est-à-dire d'une organisation qui ne tolère aucune part d'ombre et se propose, ni plus ni moins, d'éradiquer toute anomalie par rapport à la norme. Dans ce cas, on assiste à une stérilisation de la société, afin que les zones obscures du social s'éclipsent derrière une aseptique normalité. Et quand tout ce bel édifice explose, personne ne paraît responsable, et personne ne veut reconnaître que cette masse rationnellement organisée, que l'on appelle État ou Marché, est mue par des forces invisibles, qui appartiennent aux puissances de l'ombre[305].

En refusant de reconnaître l'ambivalence fondamentale de l'homme, ses terrifiantes aptitudes meurtrières, on ne fait que recréer les conditions propices à un renversement en un instrument aveugle, précisément asservi au mal. Pourquoi ? Parce que ce déni est non seulement totalement illusoire, mais incite à projeter son ombre sur autrui[306]. Alors que faire ?

---

[305] C.G. Jung, *Aspects du drame contemporain*, Genève, Georg & Cie, 1948, p. 205.

[306] C.G. Jung, *Présent et avenir* (1957), Paris, Buchet/Chastel, 1995, p. 91.

Chapitre 10.
Que faire ?

« *L'opposé coopère* ».
Héraclite

L'oppression pure et simple de l'ombre ne constitue donc en aucun cas un remède. Pas plus que ne le serait l'excès inverse. Il ne s'agit pas de lâcher la proie pour l'ombre, tel le chien d'Ésope qui, délaissant la viande qu'il tenait dans sa gueule parce qu'avide d'une ombre plus grande, se jeta tête première dans le fleuve[307]. Cependant, tout ce qui est humain est ambivalent et pétri de contradictions. Et c'est de la contradiction, de l'opposition des contraires, que naît l'équilibre des forces[308]. Il n'existe pas de lumière sans ombre, ni de bien sans mal, et inversement. Peut-être faut-il essayer de penser leur entre-deux, et ce, dans l'espoir d'éviter l'alternance entre l'apologie du mal et celle du bien, les deux relevant d'un

[307] Ésope, *Fables*, 185, « Le chien qui porte de la viande », Paris, Les Belles Lettres, 1960, p. 81 : « Un chien tenant un morceau de viande traversait une rivière. Ayant aperçu son ombre dans l'eau, il crut que c'était un autre chien qui tenait un morceau de viande plus gros. Aussi, lâchant le sien, il s'élança pour enlever celui de son compère. Mais le résultat fut qu'il n'eut ni l'un ni l'autre, l'un se trouvant hors de ses prises, puisqu'il n'existait même pas, et l'autre ayant été entraîné par le courant ».
[308] P. Larrieu, « De la rébellion ou de l'exigence des contraires », *Revue Droit & Littérature,* 2019, n° 3, p. 55.

même manichéisme[309]. L'apologie du *bien* peut avoir pour effet pervers d'absolutiser les valeurs, tandis que la vertu de *justice* travaille à la coexistence difficile des hommes. C'est cette vertu de justice qu'il faut retrouver[310].

Nous avons, nous modernes (ou post-modernes), abandonné la pensée contradictoire et dialectique. Ce faisant, nous avons oublié cette loi fondamentale de la vie : c'est que sans contraste, il ne saurait y avoir d'énergie. Au même titre que le négatif, le chaos est un invariant qui fait retour, périodiquement, dans la vie des sociétés. Il peut avoir une fonction régénératrice. Mais pour opérer une telle régénérescence, pour se réorganiser, le système doit puiser dans les forces antagonistes.

À l'aube de la pensée grecque, Héraclite imaginait déjà que « ce qui s'oppose coopère, de ce qui diverge procède la plus belle harmonie, et la lutte engendre toutes choses »[311]. Pour le philosophe présocratique, le combat est universel, et c'est précisément à partir de ce combat que peut naître la justice. Ce faisant, Héraclite avait, deux siècles avant Aristote, rejeté à l'avance le principe de non-contradiction au profit de l'opposition des contraires. C'est pourtant la rationalité aristotélicienne, qui repose sur les principes de non-contradiction, d'identité et du tiers exclu[312], qui a conquis le monde occidental et qui innerve tout notre droit positif. Sans doute, cette rationalité, qu'Arthur Koestler appelle la « logique du commissaire »[313], a-t-elle une fonction morale, pacificatrice et donc utilitariste. Elle vise à découper le réel selon des formes unitaires, ce qui permet d'évacuer toute ambivalence et

[309] D. Sibony, *Entre-deux, L'origine en partage*, Paris, Seuil, 1991, Préface de 2003, p. 7.
[310] M. Villey, *La nature et la loi*, *op. cit.*, p. 259.
[311] Héraclite, *Fragments*, Paris, Flammarion, 2004, n° 51.
[312] Aristote, *Métaphysique*, Paris, Flammarion, 2008, p. 4 ; J. Lukasiewicz, *Du principe de contradiction chez Aristote* (1910), Cahors, L'Éclat, 2000.
[313] A. Koestler, *Janus*, Paris, Calmann-Lévy, 1979.

d'exorciser tout différend. Ce qui explique d'ailleurs sa fortune dans la sphère juridico-morale.

Néanmoins, elle n'est pas le seul mode de pensée possible. En d'autres points du temps, en d'autres lieux du monde, des modes de pensée font place à la raison contradictoire. Dans la philosophie orientale, par exemple le taoïsme, c'est de la polarité des opposés (*yin* et *yang*) que peut naître l'harmonie[314]. De même, en Occident, des voix se sont élevées contre la logique orthodoxe pour promouvoir des modes de pensée contradictoires et paradoxaux[315]. Nombre de philosophes, à l'instar d'Hegel ou de Marx, se sont appuyés sur les fragments d'Héraclite, pour soutenir la créativité du conflit, de l'entrechoc du positif et du négatif, du bienfait des violences engendrant du nouveau, de la mort comme accoucheuse de la vie[316]. Certains furent marginalisés, mais seulement en leur temps, et si l'on se souvient de Nietzsche, de Simmel, de Marx ou encore de Bataille, qui a en mémoire le nom de leurs détracteurs ? Tous avaient pour point commun d'accepter la pensée dialectique, l'opposition des contraires, l'hétérogénéité. Tous avaient en commun d'accepter le négatif, la part de l'ombre, la part maudite, la part du diable, en tant que principe génésique[317].

De même, dans *L'Homme révolté*, Albert Camus a écrit que la seule philosophie qui soit capable de maintenir ensemble l'ombre et la lumière, la nuit et le jour, l'envers et l'endroit, la négation et l'affirmation, est une pensée de la mesure, une « pensée de midi »[318]. La « pensée de midi » est une expression

---

[314] M. Granet, *La pensée chinoise*, Paris, Albin Michel, 1968 ; F. Jullien, *L'invention de l'idéal et le destin de l'Europe*, Paris, Gallimard, 2017.
[315] Y. Barel, *Le paradoxe et le système*, Presses universitaires de Grenoble, 2008 ; *adde* J.-J. Wunenburger, *La raison contradictoire*, Paris, Albin Michel, 1990.
[316] J.-J. Wunenburger, *Le combat est le père de toutes choses, Héraclite*, Nantes, Pleins Feux, 2005, p. 9.
[317] M. Maffesoli, *La part du diable*, *op. cit.*
[318] A. Camus, *L'Homme révolté*, Paris, Gallimard, 1951.

empruntée à Nietzsche, qui se fonde sur la philosophie grecque de la vie. La pensée grecque, nous dit Camus, n'a jamais rien poussé à bout parce qu'elle n'a rien nié, rien exclu, rien rejeté. Elle a fait la part de tout, équilibrant l'ombre et la lumière, sans jamais privilégier l'un des deux termes, mais en équilibrant toujours le jeu des contrastes.

Cette pensée de midi, Nietzsche la décrit ainsi : « Il n'y a peut-être rien de plus étonnant pour qui regarde le monde grec que de découvrir que de temps en temps les Grecs offraient pour ainsi dire des fêtes à toutes leurs passions, à tous leurs mauvais penchants naturels, et qu'ils avaient même établi une sorte de programme des festivités de leurs côtés trop humains : c'est là ce que leur monde a de proprement païen… Ils prenaient ces côtés trop humains comme quelque chose d'inévitable et, au lieu de les avilir, préféraient leur conférer une sorte de droits de second ordre en les insérant à leur place dans les coutumes de la société et du culte… Ils ne reniaient pas l'instinct naturel qui s'exprime dans les mauvaises qualités, mais le mettaient à sa place, dans les limites de certains cultes, de certaines journées, ayant inventé assez de précautions pour pouvoir donner un cours aussi inoffensif que possible à ces flots torrentueux. C'est là la racine de toute l'indépendance d'esprit de l'Antiquité en matière de morale. Au mal, au scabreux, aux traits de bestialité arriérée, à ce barbare préhellénique et asiatique qui continuait à vivre au fond de la nature grecque, on accordait une détente modérée et l'on n'aspirait pas à son anéantissement complet »[319].

Évidemment, nous sommes fort éloignés de cette morale grecque, consistant à faire place, dans de justes limites, à la part de l'ombre. Et ce, d'autant que depuis quelques années, le modèle grec n'est plus aussi révéré qu'il a pu l'être. La Grèce antique dans son ensemble est désormais sous les feux de la critique, laquelle met l'accent sur ce que les admirateurs d'hier

---

[319] F. Nietzsche, *Humain, trop humain* (1878), *II*, Paris, Gallimard, 1988, p. 109.

tendaient à oublier : l'esclavage structurel, l'exclusion des femmes, le rejet des étrangers, la violence. Au nom du grand blanchiment, la part d'ombre de l'Antiquité grecque devient aujourd'hui la cible d'une certaine critique. Irons-nous jusqu'à interdire l'étude d'Aristote et d'Homère dans les écoles et les universités ? Aberration, qui consiste une fois encore à vouloir éliminer le négatif.

Plutôt que de vouloir éradiquer la part de l'ombre, si l'on voulait bien admettre sa fécondité, la vie en serait peut-être plus équilibrée. C'est que, comme l'a écrit Jung, « l'ombre n'est pas quelque chose d'absolument mauvais. Elle contient même certaines qualités enfantines ou primitives qui pourraient dans une certaine mesure raviver et embellir l'existence humaine ; seulement on se heurte à des règles établies »[320].

Alors que faire concrètement de la part de l'ombre ? Si l'on ne peut l'éradiquer ? Faut-il la recycler, tel un déchet ? Faut-il l'inclure, sachant que la logique inclusive risque de la faire disparaître ? Faut-il la maintenir à la marge ? L'hybrider ? L'homéopathiser, ainsi que le propose Michel Maffesoli[321] ? Peut-être, pourrions-nous déjà tout simplement commencer par la reconnaître…

À l'heure où l'être humain court le risque de perdre complètement son ombre, pour s'identifier avec une personnalité fictive, un profil numérique, et pour identifier le monde dans lequel il vit avec l'image abstraite que sécrète la rationalité algorithmique, il est urgent de reconnaître l'ombre en tant que réalité. Car la reconnaissance est déjà une forme d'action[322].

---

320 C.G. Jung, *L'âme et la vie*, *op. cit.*, p. 263.
321 M. Maffesoli, *La part du diable*, *op. cit.*
322 M. Benasayag et A. Del Rey, *Connaître est agir*, Paris, La Découverte, 2006.

La reconnaissance est une notion très riche, qui désigne à la fois l'action de juger qu'un objet a déjà été connu, le fait d'admettre ou d'accepter quelque chose et également l'identification d'un *autre* en tant qu'il est *autre*. Elle requiert une démarche réflexive, qui peut être désagréable lorsqu'elle contient par exemple un aveu, et relationnelle, qui s'inscrit dans le champ des interactions sociales.

Précisément, la reconnaissance de l'ombre peut être douloureuse et, parce qu'il s'agit de la part obscure, elle est l'objet d'un impensé. Cet impensé c'est le mal. Ce mal qui se manifeste dans l'homme et qui indubitablement l'habite. Cette tare de l'homme est infiniment plus lourde qu'il n'y paraît. De là résulte l'ombre générale de l'humanité, dont on a vu les ravages tout au long de l'histoire, et dont on redoute aujourd'hui les conséquences sur la biosphère.

Or, « le mal, il faut le regarder en face ». Antoine Garapon et Denis Salas l'indiquent clairement : « Faute de l'aborder frontalement, faute de l'assumer, l'angélisme démocratique censé nous prémunir de la souillure nous entraîne dans une spirale infernale »[323]. Nous sommes tous des criminels en puissance, et seul ce regard porté sur nous-mêmes est susceptible d'éclaircir la part de l'ombre. Tant il est vrai que la clarté ne nait pas de ce qu'on imagine le clair, mais de ce qu'on prend conscience de l'obscur[324].

C'est pourquoi il faut éviter de verser dans une nouvelle utopie par idéalisme. Nous avons payé trop cher pour celles qui prétendaient faire notre bonheur. Une reconnaissance plus humble de l'ombre semble préférable à une utopie « qui ne jette sa flamme que pour s'éteindre »[325].

---

[323] A. Garapon et D. Salas, Le « salaud » de la démocratie, *in La justice et le mal*, Paris, Odile Jacob, 1997, p. 9.

[324] C.G. Jung, *L'âme et la vie, op. cit.*, p. 265.

[325] C.G. Jung, *Présent et avenir, op. cit.*, p. 99.

Le refus de voir et d'avouer notre tendance au mal est le meilleur moyen de la transformer en un instrument aveugle. Cela étant, la pensée du mal est absente de la doctrine juridique[326]. Le mal est pourtant la raison d'être de l'invention du droit, qui répartit les mérites et les torts, qui distingue les victimes de leurs bourreaux[327]. Car c'est en découvrant la possibilité de faire le mal que le sujet accède à la conscience, dans une horreur absolue vis-à-vis de lui-même, et peut ainsi se poser en sujet de droit. Là est l'exigence éthique suprême à adopter à l'égard de l'ombre, qui est un *autre*.

C'est Emmanuel Levinas, le philosophe du face à face, qui a peut-être poussé le plus loin cette exigence éthique. Pour lui, le sujet, confronté au visage de l'*autre*, se trouve en position d'accusé[328]. Et de s'appuyer sur cette formule de Dostoïevski : « Chacun est responsable de tout devant tous, et moi plus que les autres ». Or, il y a chez Levinas un rapport profond entre le souci de l'*autre* et la valorisation de l'ombre. Dans le domaine de l'art, cette valorisation se traduit selon lui par *l'oblitération*, qui n'est autre que l'ombre, et permet de dire l'incomplétude de l'être, barré, raturé, et donc la finitude humaine[329]. C'est seulement lorsqu'il n'est plus soumis à la violence de la lumière, qui oblige les hommes à regarder dans la même direction au lieu de se regarder l'un l'autre, que le sujet accède à cette conscience éthique.

Aussi bien, l'ombre, qui est la part « démonique » de l'existence, est ce qui permet d'accéder à une position éthique. Car, ce n'est qu'en acceptant de reconnaître l'*autre*

---

[326] Cf. cependant G. Lhuilier, « Le corps assassiné, Banalité du mal, banalité du droit », *in Le corps et ses représentations* (sous la dir. de E. Dockès et G. Lhuilier), Paris, Litec, 2001, p. 189.

[327] P. Larrieu, *Mythes grecs et droit*, *op. cit.*

[328] E. Levinas, *Autrement qu'être ou au-delà de l'essence,* La Haye, Martinus Nijhoff, 1974, p. 194.

[329] E. Levinas, *L'oblitération, Entretiens avec Françoise Armengaud à propos de l'œuvre de Sosno*, Paris, La Découverte, 1990, p. 8.

intérieur (« Je est un autre ») qu'il est possible de fonder un véritable souci de l'*autre* réel[330]. Parce que l'*autre* intérieur empêche le moi de coïncider absolument avec lui-même, parce qu'il nous renvoie à notre essentielle non-coïncidence, c'est-à-dire à notre incurable et bénéfique obscurité, alors une chance véritable de communication se dessine avec l'*autre* extérieur. Dans cette perspective, il nous faut réapprendre à vivre en supportant l'ambivalence inexorable de toutes choses, accepter ce double visage, que nous ne discernons plus dans la figure de Janus, envoûtés pour les uns par sa face nocturne, éblouis pour les autres par sa face lumineuse.

Ni absolument étrangers, ni absolument identiques, l'ombre et la lumière entretiennent un rapport dialectique. Une dialectique qui doit être pensée comme un « entre-deux », c'est-à-dire un espace, qui est à la fois coupure et lien[331]. Cette forme de pensée « métissée » permet d'éviter un double écueil. Le premier qui, mettant l'accent sur la seule différence, aboutit à un dualisme manichéen, poussé à l'extrême par la pensée gnostique[332], laquelle conçoit les deux pôles (le bien et le mal, le positif et le négatif, le clair et l'obscur) comme purement extérieurs l'un à l'autre. Le second écueil, non moins redoutable, est de viser une réconciliation des principes opposés pour aboutir à une synthèse[333]. Il faut en effet refuser toute entreprise de réconciliation finale, afin de laisser ouvertes les voies de l'altérité[334]. Loin d'être indistincts et confondus, les contraires doivent cohabiter, selon une « logique de connexion

---

[330] F. Ost, *Traduire, Défense et illustration du multilinguisme*, Paris, Fayard, 2009, p. 286.
[331] D. Sibony, *Entre-deux, L'origine en partage*, *op. cit.*
[332] H.-C. Puech, *En quête de la gnose*, Paris, Gallimard, 1978.
[333] G.W.F. Hegel, *Phénoménologie de l'esprit* (1807), Paris, Vrin, 2006, p. 240 ; *comp.* T.W. Adorno, *Dialectique négative* (1966), Paris, Payot, 2016, p. 192 s.
[334] J. Baudrillard, *Le crime parfait*, *op. cit.*, p. 180.

de l'hétérogène et non d'homogénéisation »[335]. Alors, ils peuvent interagir sous la forme d'un enchevêtrement, où chacun devient la condition de l'autre en même temps que sa limite. Et l'on peut parler de coopération.

Pour échapper à l'aporie consistant, en reconnaissant l'ombre, à la faire s'évanouir dans la clarté, il nous faut admettre notre propre cécité, notre propre non-savoir, nos limites. Acceptons de reconnaître qu'il y a une part d'ombre, qui est incompressible, non éliminable et qui se traduit par un non-savoir : c'est ce qu'on appelle la tâche obscure de la transparence. Et c'est justement ce non-savoir, ce point aveugle, qui fait que la carte ne sera jamais le territoire. L'ombre est une énigme à maintenir ouverte, un impensable à situer aux limites de la pensée, et non un hors-norme à faire à tout prix entrer dans une norme.

Reconnaitre la part de l'ombre achemine donc vers cette modestie, cette humilité[336], qui est d'une grande nécessité à l'heure actuelle. Le refus d'accepter l'ambivalence de l'humain, sa fragilité et son imperfection congénitale, entraîne une quête débridée d'optimisation et de performance, qui est susceptible de déboucher sur une schizophrénie généralisée. Il est temps de reconnaître que nous sommes des êtres inachevés, faillibles, vulnérables, ouverts et lacunaires – mais aussi des êtres conscients du caractère constitutif de leurs limites. D'arrêter de croire, sous le couvert d'une pseudo-liberté individuelle, que nous sommes omnipotents, et de commencer à penser nos déterminants dans une approche constructive, afin de concevoir la société de demain.

---

[335] M. Foucault, *Naissance de la biopolitique, op. cit.*, p. 44.

[336] Et l'on peut rappeler cette chaîne sémantique : *humus, humain, humilité.* La présence à ce qui est *humble* est cela même qui nous rapproche des forces irrépressibles, têtues, puissantes qui s'agitent dans l'ombre de la nature.

Car au fond, et contrairement à ce qu'a écrit Agustina Izquierdo dans la citation en exergue de cet ouvrage, la part de l'ombre est sans doute la plus humaine, celle qui fait que « la vie vaut la peine d'être vécue »[337].

[337] B. Stiegler, *Ce qui fait que la vie vaut la peine d'être vécue, De la pharmacologie*, *op. cit.*

Bibliographie

Ouvrages

T.W. Adorno, *Minima moralia, Réflexions sur la vie mutilée* (1951), Paris, Payot, 2001
T.W. Adorno, *Dialectique négative* (1966), Paris, Payot, 2016
F.-P. Adorno, *Le désir d'une vie illimitée, Anthropologie et biopouvoir*, Paris, Éditions Kimé, 2012
L. Alexandre, *La mort de la mort*, Paris, Éditions J.-C. Lattès, 2011
G. Anders, *L'obsolescence de l'homme* (1956), Paris, Ivrea, 2002
H. Arendt, *L'humaine condition* (1958), Paris, Gallimard, 2012
H. Arendt, *Du mensonge à la violence*, Paris, Calmann-Levy, 1972
H. Arendt, *Qu'est-ce que la politique* ?, Paris, Seuil, 1995
Aristote, *Métaphysique*, Paris, Flammarion, 2008
G. Bachelard, *La formation de l'esprit scientifique* (1938), Paris, Vrin, 1993
Y. Barel, *Le paradoxe et le système*, Presses universitaires de Grenoble, 2008
G. Bataille, *La part maudite*, Paris, Les Éditions de Minuit, 1949
G. Bataille, *Œuvres Complètes, I*, Paris, Gallimard, 1970
G. Bataille, *L'érotisme* (1957), Paris, Les Éditions de Minuit, 2011
J. Baudrillard, *L'échange symbolique et la mort*, Paris, Gallimard, 1976
J. Baudrillard, *Simulacres et simulation*, Paris, Galilée, 1981
J. Baudrillard, *La transparence du mal, Essai sur les phénomènes extrêmes*, Paris, Galilée, 1990
J. Baudrillard, *Le crime parfait*, Paris, Galilée, 1995
J. Baudrillard, *Le pacte de lucidité ou l'intelligence du mal*, Paris, Galilée, 2004
Z. Bauman, *Modernity and ambivalence*, Cambridge, Polity Press, 1991
M. Benasayag, *La fragilité*, Paris, La Découverte, 2004

M. Benasayag et A. Del Rey, *Connaître est agir*, Paris, La Découverte, 2006
M. Benasayag et A. Del Rey, *Éloge du conflit*, Paris, La Découverte, 2007
M. Benasayag, *Cerveau augmenté, homme diminué*, Paris, La Découverte, 2016
M. Benasayag, *Fonctionner ou exister* ?, Paris, Le Pommier, 2018
M. Benasayag, *La tyrannie des algorithmes*, Paris, Textuel, 2019
M. Benasayag et C. Cany, *Le retour de l'exil, Repenser le sens commun*, Paris, Le Pommier, 2021
M. Benasayag et B. Cany, *Les nouvelles figures de l'agir, Penser et s'engager depuis le vivant*, Paris, La Découverte, 2021
H. Bergson, *L'évolution créatrice* (1907), Paris, PUF, 2016
J.-M. Besnier, *L'homme simplifié*, Paris, Fayard-Pluriel, 2012
J.-M. Besnier, *Georges Bataille, La politique de l'impossible*, Nantes, Éditions Cécile Defaut, 2014
F. Bonardel, *Philosophie de l'alchimie*, Paris, PUF, 1993
J.-L. Borges, *Les conjurés*, Paris, Gallimard, 1988
A. Camus, *La peste* (1947), Paris, Gallimard, 1972
A. Camus, *L'Homme révolté*, Paris, Gallimard, 1951
G. Canguilhem, *Le normal et le pathologique* (1966), Paris, PUF, 2013
J. Carbonnier, *Droit civil, Introduction, Les personnes*, Paris, PUF, 1979
R. Casati, *La découverte de l'ombre, De Platon à Galilée, une énigme qui a fasciné tous les grands penseurs de l'humanité*, Paris, Albin Michel, 2002
F. Cheng, *Vide et plein, Le langage pictural chinois*, Paris, Seuil, 1991
H. Chneiwess, *Neurosciences et neuroéthique, Des cerveaux libres et heureux*, Paris, Alvik, 2006
D. Cœurnelle et M. Roux, *Technoprog, Le transhumanisme au service du progrès social*, Limoges, Éditions FYP, 2016
G. Dalbignat-Deharo, *Vérité scientifique et vérité judiciaire en droit privé*, Paris, LGDJ, 2004
A.R. Damasio, *L'erreur de Descartes*, Paris, Odile Jacob, 1995
G. Deleuze, *Pourparlers*, Paris, Les Éditions de Minuit, 1990
M. Delmas-Marty, *Pour un droit commun*, Paris, Seuil, 1994

M. Delmas-Marty, *Libertés et sûreté dans un monde dangereux*, Paris, Seuil, 2010
P. Descola, *Par-delà nature et culture*, Paris, Gallimard, 2005
M. Détienne, *Les maîtres de vérité dans la Grèce archaïque* (1967), Paris, Librairie générale française, 2006
D.-R. Dufour, *La cité perverse, Libéralisme et pornographie*, Paris, Denoël, 2009
E. Durkheim, *Les Règles de la méthode sociologique*, 1895
Ésope, *Fables*, Paris, Les Belles Lettres, 1960
Euripide, *Les Bacchantes*, Paris, Les Éditions de Minuit, 2005
S. Ferenczi, *Le traumatisme* (1934), Paris, Payot, 2006
M. Foucault, *Histoire de la folie à l'âge classique* (1961), Paris, Gallimard, 1972
M. Foucault, *Surveiller et punir, Naissance de la prison*, Paris, Gallimard, 1975
M. Foucault, *Naissance de la biopolitique* (1978-1979), Paris, Gallimard, 2004
M. Foucault, *Mal faire, dire vrai* (1981), PU Louvain, 2012
S. Freud, *Le malaise dans la civilisation* (1930), Paris, Points, 2010
J.-G. Ganascia, *Voir et pouvoir : qui nous surveille* ?, Paris, Le Pommier, 2009
J.-G. Ganascia, *Le mythe de la singularité, Faut-il craindre l'intelligence artificielle* ?, Paris, Seuil, 2017
A. Garapon et J. Lassègue, *Justice digitale*, Paris, PUF, 2018
C. Ginzburg, *Mythes, emblèmes, traces ; morphologie et histoire*, Paris, Flammarion, 1989
C. Godin, *Faut-il réhabiliter l'utopie* ?, Paris, Pleins Feux, 2000
C. Godin, *La crise de la réalité*, Ceyzérieu, Champ Vallon, 2020
R. Gori et M.-J. Del Volgo, *La santé totalitaire, Essai sur la médicalisation de l'existence*, Paris, Flammarion, 2004
R. Gori, *La preuve par la parole*, Ramonville-Saint-Agne, Érès, 2008
R. Gori, *La dignité de penser*, Arles, Actes sud, 2011
R. Gori, *Et si l'effondrement avait déjà eu lieu, L'étrange défaite de nos croyances*, Paris, Les Liens qui libèrent, 2020
F. Gorphe, *L'appréciation des preuves en justice*, Paris, Sirey, 1947
M. Granet, *La pensée chinoise*, Paris, Albin Michel, 1968
J. Guillaumin (sous la dir. de), *Pouvoirs du négatif dans la psychanalyse et la culture*, Seyssel, Champ Vallon, 1988

P. Hadot, *Le voile d'Isis*, Paris, Gallimard, 2004
B.-C. Han, *La société de la fatigue*, Paris, Circé, 2010
G.W.F. Hegel, *Phénoménologie de l'esprit* (1807), Paris, Vrin, 2006
M. Heidegger, *Essais et conférences*, Paris, Gallimard, 1954
Héraclite, *Fragments*, Paris, Flammarion, 2004
G. Hottois, J.-N. Missa et L. Perbal, *Encyclopédie du transhumanisme et du posthumanisme*, Paris, Vrin, 2015
I. Illich, *La convivialité*, Paris, Seuil, 1973
A. Izquierdo, *L'amour pur*, Paris, POL, 1993
F. Jullien, *Du mal/du négatif*, Paris, Seuil, 2004
F. Jullien, *L'écart et l'entre*, Paris, Galilée, 2012
F. Jullien, *L'invention de l'idéal et le destin de l'Europe*, Paris, Gallimard, 2017
C.G. Jung, *Aspects du drame contemporain*, Genève, Georg & Cie, 1948
C.G. Jung, *L'âme et la vie*, Paris, Livre de Poche, 1995
C.G. Jung, *Présent et avenir* (1957), Paris, Buchet/Chastel, 1995
E. Klein, *Ce qui est sans être tout à fait, Essai sur le vide*, Arles, Actes sud, 2019
A. Koestler, *Janus*, Paris, Calmann-Lévy, 1979
R. Kurzweil, *Humanité 2.0, La Bible du changement*, Paris, M21 Éditions, 2007
C. Lafontaine, *L'Empire cybernétique, Des machines à penser à la pensée machine*, Paris, Seuil, 2004
P. Larrieu, *Neurosciences et droit pénal, Le cerveau dans le prétoire*, Paris, L'Harmattan, 2015
P. Larrieu, *Mythes grecs et droit, Retour sur la fonction anthropologique du droit*, Québec, Presses universitaires de Laval, 2017
P. Larrieu, *Vivre sans, Que reste-t-il de notre monde* ? (sous la dir. de), Toulouse, Érès, 2020
B. Latour, *La fabrique du droit : une ethnographie du Conseil d'État*, Paris, La Découverte, 2002
A. Le Brun, *Du trop de réalité*, Paris, Gallimard, 2004
A. Le Brun et J. Armanda, *Ceci tuera cela*, Paris, Stock, 2021
J.-P. Lebrun, *Un monde sans limite*, Toulouse, Érès, 2009
J.-P. Lebrun, *La perversion ordinaire*, Paris, Flammarion, 2015
J.-P. Lebrun, *Un immonde sans limite*, Toulouse, Érès, 2020

N. Le Dévédec, *La société de l'amélioration, La perfectibilité humaine, des Lumières au transhumanisme*, Montréal, Liber, 2015
E. Levinas, *Autrement qu'être ou au-delà de l'essence*, La Haye, Martinus Nijhoff, 1974
E. Levinas, *L'oblitération, Entretiens avec Françoise Armengaud à propos de l'œuvre de Sosno*, Paris, La Découverte, 1990
H. Lévy-Bruhl, *La preuve judiciaire – Étude de sociologie juridique*, Paris, Librairie M. Rivière et Cie, 1964
R. Libchaber, *L'ordre juridique et le discours du droit*, Paris, LGDJ, 2013
S. Lupasco, *Le principe d'antagonisme et la logique de l'énergie* (1951), Monaco, Éditions Le Rocher, 1987
J. Lukasiewicz, *Du principe de contradiction chez Aristote* (1910), Cahors, L'Éclat, 2000
M. Maffesoli, *L'ombre de Dionysos, Contribution à une sociologie de l'orgie*, Paris, Librairie des Méridiens, 1985
M. Maffesoli, *La part du diable*, Paris, Flammarion, 2002
M. Maffesoli, *Essais sur la violence, banale et fondatrice*, Paris, CNRS Éditions, 2009
M. Maffesoli, *La parole du silence*, Paris, Les Éditions du Cerf, 2016
M. Maffesoli, *Écosophie*, Paris, Cerf, 2017
C. Malabou (sous la dir. de), *Plasticité*, Paris, Éditions Léo Scheer, 2000
C. Malabou, *Que faire de notre cerveau ?*, Montrouge, Bayard, 2011
K. Mannheim, *Idéologie et utopie* (1940), Paris, Éditions de la Maison des sciences de l'homme, 2006
H. Marcuse, *L'homme unidimensionnel* (1964), Paris, Les Éditions de Minuit, 1968
M. Merleau-Ponty, *Le visible et l'invisible*, Paris, Gallimard, 1964
M. Milner, *L'envers du visible, Essai sur l'ombre*, Paris, Seuil, 2005
A. Minazzoli, *La première ombre, Réflexion sur le miroir et la pensée*, Paris, Les Éditions de Minuit, 1990
E. Morin, *L'homme et la mort* (1951), Paris, Seuil, 1970
E. Morin, *La méthode, Éthique*, tome 6, Paris, Seuil, 2004
P. Muray, *Essais*, Paris, Les Belles Lettres, 2002

F. Nietzsche, *Humain, trop humain* (1878), *II*, Paris, Gallimard, 1988
F. Nietzsche, *Le gai savoir* (1882), Paris, Gallimard, 1982
F. Ost et M. Van de Kerchove, *Le droit ou les paradoxes du jeu*, Paris, PUF, 1992
F. Ost, *Raconter la loi, Aux sources de l'imaginaire juridique*, Paris, Odile Jacob, 2004
F. Ost, *Sade et la loi*, Paris, Odile Jacob, 2005
F. Ost, *Traduire, Défense et illustration du multilinguisme*, Paris, Fayard, 2009
F. Ost, *Le droit, objet de passions* ?, Bruxelles, Académie royale de Belgique, 2018
F. Ost, *Le droit malgré tout (Hommage à)*, Bruxelles, Presses universitaires de Saint-Louis, 2018
F. Ost, *Si le droit m'était conté*, Paris, Dalloz, 2019
F. Ost, *Le droit ou l'empire du tiers*, Paris, Dalloz, 2021
J. Paulhan, *Le Clair et l'Obscur* (1958), Cognac, Le Temps qu'il fait, 1983
P. Pédrot et P. Larrieu (sous la dir. de), *Transhumanisme, Approche pluridisciplinaire d'une nouvelle utopie*, Paris, MA Éditions, Eska, 2018
L. Pignatel, *L'émergence d'un neurodroit*, Paris, Dalloz, 2021
J.-B. Pontalis, *Perdre de vue*, Paris, Gallimard, 1988
J.-B. Pontalis, *Traversée des ombres*, Paris, Gallimard, 2003
H.-C. Puech, *En quête de la gnose*, Paris, Gallimard, 1978
C. Puigelier, *Mourir de la vérité, Preuve et Nietzsche*, Paris, Mare & Martin, 2018
M. Renneville, *Crime et folie, Deux siècles d'enquêtes médicales et judiciaires*, Paris, Fayard, 2003
P. Ricoeur, *Éthique et morale, Lectures 1*, Paris, Seuil, 1991
P. Ricoeur, *L'idéologie et l'utopie* (1986), Paris, Seuil, 1997
H. Rosa, *Aliénation et accélération*, Paris, La Découverte, 2014
E. Roudinesco, *La Part obscure de nous-mêmes, Une histoire des pervers*, Paris, Albin Michel, 2007
F. Rouvillois, *L'utopie*, Paris, Flammarion, 1998
F. Rouvillois, *Crime et utopie, Une nouvelle enquête sur le nazisme*, Paris, Flammarion, 2014
R. Ruyer, *L'utopie et les utopies*, Paris, PUF, 1950
B. Salignon, *Où, L'art, l'instant, le lieu*, Paris, Cerf, 2008

M. Sandel, *Contre la perfection, L'éthique à l'âge du génie génétique*, Paris, Vrin, 2016
D. Sibony, *Entre-deux, L'origine en partage*, Paris, Seuil, 1991
G. Sorel, *Introduction à l'économie moderne* (1903), Paris, Librairie Marcel Rivière, 1922
B. Stiegler, *Ce qui fait que la vie vaut la peine d'être vécue, De la pharmacologie*, Paris, Flammarion, 2010
B. Stiegler, *Dans la disruption, Comment ne pas devenir fou* ?, Paris, Les Liens qui libèrent, 2016
B. Stiegler, *Nietzsche et la vie*, Paris, Gallimard, 2021
A. Supiot, *Tisser le lien social* (sous la dir. de), Paris, Maison des sciences de l'homme, 2004
A. Supiot, *Homo juridicus, Essai sur la fonction anthropologique du droit*, Paris, Seuil, 2005
A. Supiot, *La gouvernance par les nombres, Cours au Collège de France 2012-2014*, Domont, Fayard, 2015
J. Tanizaki, *Éloge de l'ombre* (1933), Paris, Verdier, 2011
C. Thibierge, *La densification normative, Découverte d'un processus* (sous la dir. de), Paris, Mare & Martin, 2014
J.-P. Vernant, *Mythe et société en Grèce ancienne*, Paris, La Découverte, 1974
J.-P. Vernant, *L'univers, les dieux, les hommes*, Paris, Seuil, 1999
J.-P. Vernant et P. Vidal-Naquet, *La Grèce ancienne, tome 3, Rites de passage et transgressions*, Paris, Points, 2009
M. Villey, *Réflexions sur la philosophie et le droit*, Paris, PUF, 1995
M. Villey, *La nature et la loi*, Paris, Cerf, 2014
A. Von Chamisso, *Histoire merveilleuse de Peter Schlemihl, L'homme qui a perdu son ombre*, Paris, Tardieu, 1864
P. Watzlawick, *L'invention de la réalité*, Paris, Seuil, 1988
S. Weil, *La personne et le sacré* (1950), Paris, Allia, 2020
J.-J. Wunenburger, *La raison contradictoire*, Paris, Albin Michel, 1990
J.-J. Wunenburger, *Le combat est le père de toutes choses, Héraclite*, Nantes, Pleins Feux, 2005
S. Zizek, *La parallaxe*, Paris, Fayard, 2008

Articles

G. Agamben, « L'épidémie montre clairement que l'état d'exception est devenu la condition normale », *Le Monde*, 24 mars 2020

J. Alric, « *Aidôs*, la pudeur grecque », *Revue du Mauss*, 2000, n° 15, p. 150

C. Ambroise-Castérot, « Les prélèvements corporels et la preuve pénale », *Mélanges Julien*, Paris, Edilaix, 2003, p. 9

D. Ammar, « Preuve et vraisemblance », *RTD civ.*, 1993, 499

P. Amselek, « La part de la science dans les activités des juristes », *D.* 1997, p. 337

A. Aubert et E. Coudret, « Prédictibilité du comportement : neuro-sciences et neuro-mythes », *AJ Pénal,* 2012, p. 80

J.-G. Barbara, « Rendre visible l'invisible », *in* Imagerie cérébrale : enjeux épistémologiques, éthiques et politiques, *Cahiers de l'Espace éthique d'Île de France*, sept. 2018, p. 21

D. Bates, « Penser l'automaticité au seuil du numérique », *in Digital studies*, Paris, FYP Éditions, 2014

J. Baudrillard, « La grande lessive », *Libération*, 7 août 1995

J.-M. Besnier, Audition publique du 30 novembre 2011, *Rapport OPECST,* 13 mars 2012, « L'impact et les enjeux des nouvelles technologies d'exploration et de thérapie du cerveau »

J.-M. Besnier, « D'un désir mortifère d'immortalité, À propos du transhumanisme », *Cités*, 2013, n° 55, p. 13

F. Bonardel, « De l'homme de culture à l'homme du désir », *in La galaxie de l'imaginaire, Dérive autour de l'œuvre de Gilbert Durand*, Paris, Berg International, 1980, p. 115

J.-F. Braunstein, « Une vision médicale du monde, Le "cas" Lombroso », *Archives de philosophie,* 2010, n° 73, p. 631

G. Brunaux, « Le « mind uploading » ou téléchargement de l'esprit », *in Le droit saisi par la science-fiction* (sous la dir. de F. Defferrard), Paris, Mare & Martin, 2016, p. 71

A.-B. Caire, « La cryogénisation », *in Transhumanisme, Approche pluridisciplinaire d'une nouvelle utopie* (sous la dir. de P. Pédrot et P. Larrieu), Paris, MA Éditions, Eska, 2018 ; *Journal international de bioéthique*, 2018/3-4, p. 54

J. Carbonnier, « Propos introductifs », *in* La transparence, *RJ com.,* nov. 1993, n° spéc.

Y. Cartuyvels, « La criminologie et ses objets paradoxaux : retour sur un débat plus actuel que jamais ? », *Déviance et société*, 2007/4, n° 31, p. 445

G. Cornu, « La vérité et le droit », *in L'art du droit en quête de sagesse*, Paris, PUF, 1998, p. 211

L. Dartigues, « Une irrésistible ascension ? Le neurodroit face à ses critiques », *Zilsel*, 2018/1, n° 3, p. 63

S. Dehaene, « L'imagerie cérébrale peut-elle décoder le contenu de la pensée ? », Cours au Collège de France, 8 juin 2006 (en ligne)

M. Delmas-Marty, « Le rêve de perfection transforme nos États de droit en États policiers », *Le Monde*, 1er mars 2021

S. Deprez, « Pour quoi tuer la mort ? Hypercontrôle ou hyperindividualisme ? », *Ethica clinica,* 2017, n° 85, p. 31

P. Deumier, « La justice prédictive et les sources du droit : la jurisprudence du fond », *in* La justice prédictive, *Archives de philosophie du droit*, Dalloz, 2018, tome 60, p. 49

E. Fiat, « De la pudeur comme gardienne de l'intériorité », *in Le devenir de l'intériorité à l'ère des nouvelles technologies*, Lormont, Le Bord de l'eau, 2018, p. 53

J. Florence, « Le désir de la loi », *in Ouvertures psychanalytiques*, Bruxelles, Presses universitaires de Saint-Louis, 1985

E. Fournier, « Notre nouvel alibi, le cerveau », *in Neurosciences et société, Enjeux des savoirs et pratiques sur le cerveau* (sous la dir. de B. Chamak et B. Moutaud), Paris, A. Colin, 2014, p. 289

J.-C. Galloux, « Les empreintes génétiques : la preuve parfaite ? », *JCP, éd. G*, 1991, I, 349

A. Garapon et D. Salas, Le « salaud » de la démocratie, *in La justice et le mal*, Paris, Odile Jacob, 1997, p. 9

A. Garapon, « Les enjeux de la justice prédictive », *JCP, éd. G*, 2017, n° 1-2, p. 31

A. Garapon, « Révolution graphique et crise de la dimension symbolique du droit », *in Le droit malgré tout, Hommage à François Ost,* Bruxelles, Presses Universitaires de Saint-Louis, 2018, p. 279

G. Giudicelli-Delage (sous la dir. de), « Les transformations de l'administration de la preuve pénale, Perspectives comparées », *Arch. pol. crim.*, 2004/1, n° 26, p. 139

R. Gori, « Vivre sans esprit », *in Vivre sans, Que reste-t-il de notre monde* ? (sous la dir. de P. Larrieu), Toulouse, Érès, 2020, p. 41

B.E. Harcourt et J. Kreeger, « Une généalogie de la rationalité actuarielle aux Etats-Unis aux XIXe et XXe siècles », *Rev. sc. crim.*, 2010, p. 31

E. Hirsch, « Imagerie cérébrale : enjeux épistémologiques, éthiques et politiques », *Cahiers de l'Espace éthique d'Île de France*, Toulouse, Érès, sept. 2018

A. Khalife et B. Renard, « Le neurodroit : la déconstruction d'un discours des promesses », *Cahiers Droit, Sciences et Technologies,* 2021, n° 13, p. 61

C. Lafontaine, « De la dégénérescence à la régénération : vieillir à l'âge de la médecine régénératrice », *in La réponse de la science médicale au « devenir vieux ». Prolongévisme, transhumanisme et biogérontologie*, Québec, Presses de l'Université de Laval, 2012, p. 75

J. Larrègue, « La nouvelle orange mécanique : la contribution des bio-criminologues à la médicalisation du contrôle social », *Zilsel*, 2019/1, n° 5, p. 56

P. Larrieu, « La réception des neurosciences par le droit », *AJ pénal*, mai 2011, p. 231

P. Larrieu, « Regards éthiques sur les applications juridiques des neurosciences, Entre blouses blanches et robes noires », *Revue interdisciplinaire d'études juridiques*, 2012, n° 68, p. 145

P. Larrieu, « Neurosciences et évaluation de la dangerosité, Entre néo-déterminisme et libre-arbitre », *Revue interdisciplinaire d'études juridiques,* 2014, n° 1, p. 1

P. Larrieu, « Recours aux techniques biomédicales en vue de « neuro-amélioration » chez la personne non malade : enjeux éthiques », *Droit, santé et société,* 2016, n° 2-3, p. 13

P. Larrieu, « La neuro-amélioration des sujets « sains » : enjeux anthropologiques, sociologiques et juridiques », *Journal international de bioéthique,* 2018, n° 3-4, p. 71

P. Larrieu, « De la rébellion ou de l'exigence des contraires », *Revue Droit & Littérature,* 2019, n° 3, p. 55

P. Larrieu, « La neurojustice, des réalités aux fantasmes », *Revue Psycho-Droit*, 2020, n° 5, p. 63

P. Larrieu, « Vivre sans ombre », *in Vivre sans, Que reste-t-il de notre monde ?* (sous la dir. de), Toulouse, Érès, 2020, p. 103

V. Lasserre, « Justice prédictive et transhumanisme », *in* La justice prédictive, *Archives de philosophie du droit*, Dalloz, 2018, tome 60, p. 311

S. Lebreton-Derrien, « La justice prédictive, Introduction à une justice simplement virtuelle », *in* La justice prédictive, *Archives de philosophie du droit*, Dalloz, 2018, tome 60, p. 3

A. Le Brun, « Du trop de déchets », Entretien chez Renart, 31 mars 2019 (en ligne)

J.-P. Lebrun, « Vivre sans limite, Quelles conditions pour profiter de la crise sanitaire ? », *in Vivre sans, Que reste-t-il de notre monde ?* (sous la dir. de P. Larrieu), Toulouse, Érès, 2020, p. 63

D. Lecourt, « La transparence mène à une tyrannie souriante », *Figarovox*, 10 fév. 2017 (en ligne)

N. Le Douarin, « Science et justice : des empreintes digitales aux empreintes génétiques, À la recherche de la preuve indiscutable », *in Science, éthique et droit* (sous la dir. de N. Le Douarin et C. Puigelier), Paris, Odile Jacob, 2007, p. 135

M. Lenca et R. Andorno, « Towards new human rights in the age of neuroscience and neurotechnology », *Life Sciences, Society and Policy*, 2017, 13, 5

G. Lhuilier, « Le corps assassiné, Banalité du mal, banalité du droit », *in Le corps et ses représentations* (sous la dir. de E. Dockès et G. Lhuilier), Paris, Litec, 2001, p. 189

J. de Maillard, « Némésis judiciaire ou le cauchemar d'une justice parfaite », *Le Débat*, 2007/1, n° 143, p. 46

A. Masson, « L'expertise psychiatrique pénale et le problème de la responsabilité », *in Psychanalyse et criminologie aujourd'hui,* Presses universitaires de Rennes, 2016, p. 325

J.-F. Mattéi, « La médecine conduit-elle au transhumanisme ? », Forum européen de bioéthique, 6e éd., 2016

E. Morin, « L'ère damocléenne », *Le Monde*, 22 septembre 1990

J.-N. Nissa, « Prolongation de la vie », *in Encyclopédie du transhumanisme et du posthumanisme*, Paris, Vrin, 2015, p. 311

F. Ost, « Vivre sans droit ? », *in Vivre sans, Que reste-t-il de notre monde ?* (sous la dir. de P. Larrieu), Toulouse, Érès, 2020, p. 83

O. Pascal et A. Schlenk, « L'empreinte génétique : le spectre de la preuve absolue », *AJ Pénal,* 2004, p. 24

T. Pech, « L'épreuve du jugement », *Esprit*, mars-avr. 2000, n° 263, p. 63

L. Pignatel, « L'émergence du neurodroit dans le monde », *in Le cerveau est-il coupable* ?, Savigny-sur-Orge, P. Duval, 2016, p. 57

C. Puigelier et J. Sainte-Rose, « Juge et progrès scientifique », *in Science, éthique et droit*, Paris, Odile Jacob, 2007, p. 279

F. Ramus, « Quel pouvoir prédictif de la génétique et des neurosciences, et quels problèmes ? », *Médecine et Droit*, 2010.10.010

M. Renneville, « Le criminel-né : imposture ou réalité ? », *Criminocorpus*, CNRS, 2005

P. Reviron, « L'ADN : la preuve parfaite ? », *AJ Pénal,* 2012, p. 590

C. Salmon, « Coronarration ou les paroles gelées », *AOC media, Analyse opinion critique*, 25 août 2020

M. Van de Kerchove, « Vérité judiciaire et para-judiciaire en matière pénale : quelle vérité ? », *Droit et société,* 2013, n° 84, p. 41

G.A. Van Eikema Hommes et P. Tak, « Le test ADN et la procédure pénale en Europe », *Rev. sc. crim*., 1993, p. 673

C. Vidal, « Quand les neurosciences viennent au secours de la justice », *UP Magazine*, 25 mars 2018

F. Yvon, « Une petite introduction au traitement automatique du langage naturel », 2007 (en ligne)

Table des matières

Structures éditoriales du groupe L'Harmattan

L'Harmattan Italie
Via degli Artisti, 15
10124 Torino
harmattan.italia@gmail.com

L'Harmattan Hongrie
Kossuth l. u. 14-16.
1053 Budapest
harmattan@harmattan.hu

L'Harmattan Sénégal
10 VDN en face Mermoz
BP 45034 Dakar-Fann
senharmattan@gmail.com

L'Harmattan Cameroun
TSINGA/FECAFOOT
BP 11486 Yaoundé
inkoukam@gmail.com

L'Harmattan Burkina Faso
Achille Somé – tengnule@hotmail.fr

L'Harmattan Guinée
Almamya, rue KA 028 OKB Agency
BP 3470 Conakry
harmattanguinee@yahoo.fr

L'Harmattan RDC
185, avenue Nyangwe
Commune de Lingwala – Kinshasa
matangilamusadila@yahoo.fr

L'Harmattan Congo
67, boulevard Denis-Sassou-N'Guesso
BP 2874 Brazzaville
harmattan.congo@yahoo.fr

L'Harmattan Mali
ACI 2000 - Immeuble Mgr Jean Marie Cisse
Bureau 10
BP 145 Bamako-Mali
mali@harmattan.fr

L'Harmattan Togo
Djidjole – Lomé
Maison Amela
face EPP BATOME
ddamela@aol.com

L'Harmattan Côte d'Ivoire
Résidence Karl – Cité des Arts
Abidjan-Cocody
03 BP 1588 Abidjan
espace_harmattan.ci@hotmail.fr

Nos librairies en France

Librairie internationale
16, rue des Écoles
75005 Paris
librairie.internationale@harmattan.fr
01 40 46 79 11
www.librairieharmattan.com

Librairie des savoirs
21, rue des Écoles
75005 Paris
librairie.sh@harmattan.fr
01 46 34 13 71
www.librairieharmattansh.com

Librairie Le Lucernaire
53, rue Notre-Dame-des-Champs
75006 Paris
librairie@lucernaire.fr
01 42 22 67 13

www.ingramcontent.com/pod-product-compliance
Lightning Source LLC
LaVergne TN
LVHW051355061026
849535LV00009B/3199
* 9 7 8 2 1 4 0 2 7 6 8 2 8 *